增值税下
建设工程税务筹划

ZENGZHISHUI XIA JIANSHE GONGCHENG SHUIWU CHOUHUA

马志恒◎编著

河海大学出版社
·南京·

图书在版编目(CIP)数据

增值税下建设工程税务筹划 / 马志恒编著. —南京：河海大学出版社，2022.3(2023.4 重印)
 ISBN 978-7-5630-7492-1

Ⅰ. ①增… Ⅱ. ①马… Ⅲ. ①建筑企业—增值税—税收筹划—中国 Ⅳ. ①F812.423

中国版本图书馆 CIP 数据核字(2022)第 050177 号

书　　名	增值税下建设工程税务筹划
书　　号	ISBN 978-7-5630-7492-1
责任编辑	张　媛
特约校对	冯　丹
封面设计	黄　煜
出版发行	河海大学出版社
地　　址	南京市西康路 1 号(邮编：210098)
电　　话	(025)83737852(总编室)　(025)83722833(营销部)
经　　销	江苏省新华发行集团有限公司
排　　版	南京布克文化发展有限公司
印　　刷	苏州市古得堡数码印刷有限公司
开　　本	718 毫米×1000 毫米　1/16
印　　张	11.5
字　　数	200 千字
版　　次	2022 年 3 月第 1 版
印　　次	2023 年 4 月第 2 次印刷
定　　价	65.00 元

前言 PREFACE

　　近年来,随着税制改革的不断推进和"营改增"的全面实行,企业税务问题变得尤为突出,企业对税务筹划工作越来越重视。建筑企业涉及的税种和税率繁多。随着国家对建设工程行业"简政放权""资质改革"等政策的推行,税收政策法律法规不断规范,监管体系不断完善,诚信体系不断健全,可以预见,未来建筑行业的竞争将更加激烈。建设工程行业曾流行"赚钱不赚钱、全靠预算员"这样一句话,而未来在一定程度上可以说是"赚钱最大化、依赖税务筹划"。建设工程行业科学、合法、合规、合理地进行税务筹划,降低企业的税收成本,减少税收法律风险,对企业自身未来的发展显得尤为重要。

　　本书基于税务筹划的基本原理,结合我国建筑行业自身的特点,立足于建设工程行业"营改增"税制改革后的相关法律法规政策,对增值税下建设工程税务筹划相关问题进行了深入分析和细致研究,对建设工程所涉及税种及税率等进行解读。笔者根据实践中积累的相关税务筹划具体案例,按理论联系实际的思路,通过浅显易懂的语言,深入浅出地讲述建设工程行业的税务筹划具体操作实务。同时,针对行业特点,结合新颁布的《中华人民共和国民法典》、《中华人民共和国刑法修正案》等法律所涉及的税收风险,通过案例形式进行总结和分析。而工程造价控制作为建设工程管理的"五大"核心要素之一,是税务筹划最核心的要素,本书将通过专门章节进行论述。

　　笔者基于长期从事建设工程相关的专业理论研究和工程实践、企业经营管理和高等院校教学等所积累的丰富的经验和成果,完成了此著作。本书具有交叉学科的特点,对"营改增"后建设工程行业的相关企业健康、稳步、合法发展具有推动作用。本书部分素材来自网络和相关学术文献,是交流之用,感谢相关原著者的贡献。

  本书可供建设工程行业领域内的高层管理者、财税人员、工程造价人员、各专业工程技术人员、材料经营设备租赁人员和高校师生及科技人员阅读、参考。由于笔者水平有限,书中难免有疏漏之处,恳请读者批评指正。

编 者
2021 年 12 月

目录 CONTENTS

第1章　建设工程涉及税费概念 ·· 001
　1.1　增值税 ··· 002
　　1.1.1　增值税基本概念 ···································· 002
　　1.1.2　进项税额、销项税额与抵扣 ························· 003
　　1.1.3　纳税人类别 ······································· 004
　　1.1.4　纳税义务发生时间 ································· 007
　　1.1.5　增值税税率 ······································· 009
　1.2　企业所得税 ··· 010
　　1.2.1　企业所得税纳税对象及依据 ························· 010
　　1.2.2　跨地区经营建筑企业所得税征收管理相关政策 ········ 011
　1.3　土地增值税 ··· 012
　　1.3.1　纳税人 ··· 012
　　1.3.2　征税对象 ··· 012
　　1.3.3　税率 ··· 012
　　1.3.4　土地增值税扣除项目 ······························· 012
　　1.3.5　土地增值税应纳税额计算 ··························· 013
　　1.3.6　房地产开发企业土地增值税清算的条件 ··············· 013
　　1.3.7　某房地产开发企业转让房产土地增值税计算 ··········· 014
　1.4　六税两费 ··· 015

  1.4.1　资源税 ……………………………………………… 015
  1.4.2　房产税 ……………………………………………… 018
  1.4.3　城市维护建设税 ……………………………………… 019
  1.4.4　城镇土地使用税 ……………………………………… 020
  1.4.5　印花税 ……………………………………………… 021
  1.4.6　耕地占用税 …………………………………………… 023
  1.4.7　教育费附加及地方教育附加 ………………………… 024
 1.5　税收优惠政策 ………………………………………………… 025
  1.5.1　增值税之"月销售额 15 万元以下免税政策" ………… 025
  1.5.2　增值税之"疫情期间 1% 征收率政策" ……………… 026
  1.5.3　优惠政策运用注意事项 ……………………………… 026

第 2 章　建设工程涉税法规 ……………………………………… 029
 2.1　《中华人民共和国民法典》涉税规定 ………………………… 030
  2.1.1　合同约定与包税条款的效力 ………………………… 030
  2.1.2　债权转让可能存在的虚开发票风险 ………………… 030
  2.1.3　合同定金的涉税问题 ………………………………… 031
  2.1.4　订立合同的时间与纳税义务发生时间 ……………… 032
 2.2　农民工工资支付相关规定解读 ……………………………… 033
  2.2.1　《保障农民工工资支付条例》解读 …………………… 033
  2.2.2　《工程建设领域农民工工资保证金规定》解读 ……… 033
  2.2.3　关于农民工工资支付的应对策略 …………………… 035
 2.3　建筑工人实名制与税务处理 ………………………………… 035
  2.3.1　《建筑工人实名制管理办法（试行）》解读 …………… 035
  2.3.2　农民工工资专户管理的税务处理 …………………… 038
 2.4　招投标税务问题及处理要略 ………………………………… 041
  2.4.1　可否要求投标人必须具备一般纳税人资格 ………… 041
  2.4.2　可否要求投标人必须开具税率为 13% 的增值税发票 … 041
  2.4.3　招投标过程中计税方法选择 ………………………… 042

第 3 章　建设工程造价与税收 …………………………………… 043
 3.1　工程造价基本内容 …………………………………………… 044

  3.1.1 工程造价的定义 ………………………………………… 044
  3.1.2 工程计价的特征 ………………………………………… 044
 3.2 工程计价程序 …………………………………………………… 045
  3.2.1 工程计价规则的变革 …………………………………… 045
  3.2.2 增值税计税方式 ………………………………………… 049
  3.2.3 增值税下工程计价应对策略 …………………………… 050
 3.3 工程造价组成 …………………………………………………… 051
 3.4 "营改增"后造价计价分析 …………………………………… 054
  3.4.1 "营改增"后招标控制价编制 ………………………… 054
  3.4.2 "营改增"后投标报价编制 …………………………… 055
 3.5 增值税下全费用综合单价计算 ………………………………… 055
  3.5.1 "营改增"后《建设工程工程量清单计价规范》部分修订解读
     …………………………………………………………… 055
  3.5.2 增值税下全费用综合单价的构成 ……………………… 056
  3.5.3 基于全费用综合单价的工程造价 ……………………… 059
 3.6 进项税的抵扣 …………………………………………………… 060
  3.6.1 进项税的抵扣项目 ……………………………………… 060
  3.6.2 进项税抵扣的条件与逻辑 ……………………………… 061
  3.6.3 甲供工程的管理 ………………………………………… 062
  3.6.4 人工费用的处理 ………………………………………… 065
  3.6.5 预收款、进度款的纳税义务发生时间 ………………… 067
  3.6.6 增值税"进项税额"的管理措施 ……………………… 069

第4章 增值税税务平衡与税务筹划 …………………………………… 075
 4.1 税务筹划概述 …………………………………………………… 076
  4.1.1 税务筹划的概念 ………………………………………… 076
  4.1.2 税务筹划的特点 ………………………………………… 076
  4.1.3 税务筹划的意义 ………………………………………… 076
  4.1.4 税务筹划的原则 ………………………………………… 077
  4.1.5 税务筹划的方法 ………………………………………… 078
  4.1.6 税务筹划的程序 ………………………………………… 078
 4.2 增值税税务平衡 ………………………………………………… 079

		4.2.1	纳税人身份筹划	079
		4.2.2	"营改增"对税务筹划的影响	081
		4.2.3	税负平衡点	082
		4.2.4	税负平衡点对应纳税额的影响	083
		4.2.5	税务筹划应注意的问题	084
	4.3	建设单位税务筹划		085
		4.3.1	房地产公司税务筹划	085
		4.3.2	酒店业税务筹划	096
		4.3.3	事业单位税务筹划	100
	4.4	施工单位税务筹划		101
		4.4.1	异地项目的税务筹划	101
		4.4.2	计税方式的税务筹划	102
		4.4.3	原材料供应商身份选择的税务筹划	103
		4.4.4	材料供应价格选择的税务筹划	106
		4.4.5	租赁业务税务筹划	109
		4.4.6	用工形式的税务筹划	113
		4.4.7	筹资和投资活动的税务筹划	114
		4.4.8	EPC合同筹划	115
		4.4.9	纳税义务发生时间的筹划	116
	4.5	服务单位税务筹划		117
		4.5.1	增值税税务筹划	117
		4.5.2	勘察企业税务筹划	121
		4.5.3	咨询服务类企业税务筹划	122

第5章 涉税法律风险 125

5.1	"营改增"相关法律法规及解读		126
	5.1.1	"营改增"相关法律法规	126
	5.1.2	相关法律法规解读	127
5.2	"营改增"对增值税发票犯罪的影响		129
	5.2.1	"营改增"产生的影响	129
	5.2.2	部分试点行业自身业务的复杂性增加了监管的难度	131
	5.2.3	原先制度及监管的漏洞因增值税的"扩围"而放大	131

- 5.3 建筑施工企业各个经营环节的涉税风险分析 …………………… 132
  - 5.3.1 投标中标环节的涉税风险分析 …………………………… 132
  - 5.3.2 施工环节的涉税风险分析 ………………………………… 133
  - 5.3.3 工程价款结算环节的涉税风险分析 ……………………… 133
  - 5.3.4 其他税务风险 ……………………………………………… 134
  - 5.3.5 风险产生原因及应对策略 ………………………………… 138
- 5.4 小微建筑企业纳税风险 …………………………………………… 141
  - 5.4.1 小微建筑企业与大型建筑企业的划分标准 ……………… 141
  - 5.4.2 小微建筑企业纳税风险 …………………………………… 142
- 5.5 建筑企业税务管控应对措施 ……………………………………… 145
  - 5.5.1 建立完善增值税管理体系,规范财务核算 ……………… 145
  - 5.5.2 加强抵扣凭证管理 ………………………………………… 146
  - 5.5.3 严格发票管理,防范涉税风险 …………………………… 146
  - 5.5.4 重塑业务流程,合理开展税务筹划 ……………………… 146
- 5.6 案例分析 …………………………………………………………… 147
  - 5.6.1 案例一:"三流不统一"的涉税风险分析 ………………… 147
  - 5.6.2 案例二:贪小利,吃大亏 ………………………………… 149
  - 5.6.3 案例三:接受虚开申报抵扣偷逃税款被判刑 …………… 150
  - 5.6.4 案例四:4.5亿元"骗税大案"——河北兴弘嘉公司特大骗税案
    …………………………………………………………………… 152
  - 5.6.5 案例五:虚开增值税专用发票的纠正 …………………… 153
  - 5.6.6 案例六:合同违约金涉税问题 …………………………… 156
  - 5.6.7 案例七:农民工工资支付问题 …………………………… 158
  - 5.6.8 案例八:开发项目的税负平衡计算实例 ………………… 159
  - 5.6.9 案例九:竣工结算中有关增值税问题争议研究实例 …… 164

参考文献 ……………………………………………………………… 169

第1章

建设工程涉及税费概念

建筑业的生产经营环节多,相应涉及的税种也多。目前,建筑业所涉主要税种包括增值税、企业所得税、土地增值税和六税两费(资源税、房产税、城镇土地使用税、印花税、耕地占用税、城市维护建设税和教育费附加、地方教育附加)。其中增值税、企业所得税以及土地增值税是建筑业的三大主要税种,城市维护建设税和教育费附加、地方教育附加等是增值税的附加税,因此,本书的税务筹划部分主要围绕三大税种展开。具体情况如表1-1所示。

表1-1 建筑业所涉及的主要税种及税率

税种	税率	计税依据
增值税	9%、6%、3%(小规模纳税人)	增值额
企业所得税	25%	应纳所得税额
土地增值税	30%~60%四级超额累进税率	增值额
资源税	从价定率征收或从量定额征收	销售额或销售数量
城市维护建设税	7%(市级)、5%(县级)、1%(不在市区、县城或者镇的)	缴纳的增值税
城镇土地使用税	按大、中、小城市和县城、建制镇、工矿区实行差别幅度税额,如:大城市1.5~30元;县城、建制镇、工矿区0.6~12元	占地面积
印花税	1‰、0.5‰、0.3‰、按件贴花5元	合同金额等
房产税	1.2%(自用)、12%(出租)	1. 依照房产原值一次减除10%至30%后的余值计算缴纳 2. 房产出租的,以房产租金收入为房产税的计税依据
耕地占用税	采用地区差别定额税率	纳税人实际占用的耕地面积
教育费附加	3%	缴纳的增值税
地方教育附加	2%	缴纳的增值税

1.1 增值税

1.1.1 增值税基本概念

增值税是对销售货物或者提供加工、修理修配劳务以及进口货物的单位和个人就其实现的增值额征收的一个税种,是国家针对企业在产品加工生产、修理或提供劳务环节中新增价值额征收的一种流转税。增值税收税理论基础图如图1-1所示。

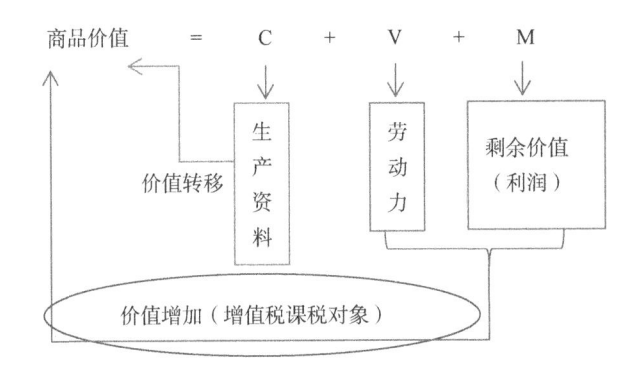

图1-1　增值税收税理论基础图

增值税属于价外税，应纳税额＝当期销项税额－当期进项税额。销项税额＝销售额（税前工程造价）×税率，进项税额＝购买额（包括外购原料、燃料、动力、劳务服务等）×税率。

增值税具有以下主要特点：

第一，增值税仅对销售货物、提供加工修理修配劳务或者发生应税行为各个环节中新增的价值额征收。在本环节征收时，允许扣除上一环节购进货物或者接受加工修理修配劳务和应税行为已征税款。

第二，增值税制的核心是税款的抵扣制。我国增值税采用凭票抵扣制，增值税一般纳税人购入应税货物、劳务或者其他应税行为，凭取得的符合法律、行政法规或者国家税务总局有关规定的扣税凭证予以抵扣。

第三，增值税实行价外征收。对销售货物、提供加工修理修配劳务或者发生其他应税行为在各环节征收的税款，附加在价格以外自动向消费环节转嫁，由最终消费者承担。

第四，增值税纳税人在日常会计核算中，其成本不包括增值税。

1.1.2　进项税额、销项税额与抵扣

进项税额是指纳税人购进货物或接受应税劳务所支付或负担的增值税额。它与销项税额相对应，两者都属于流转税。

进项税额＝购买价×税率。

销项税额是指纳税人销售货物或者应税劳务，按照销售额和法规规定的

税率计算并向购买方收取的增值税额。

销项税额＝销售额×税率。

税额抵扣又称"税额扣除",是指纳税人按照税法规定,在计算缴纳税款时对于以前环节缴纳的税款准予扣除的一种税收优惠。

进项税就是购进货物时所发生的税金,可以和销项税抵扣,如进项税多可作为留抵税,用于以后月份抵扣;若销项税多,则应向税务部门缴纳税款。进项税与销项税的比较图如图1-2所示。

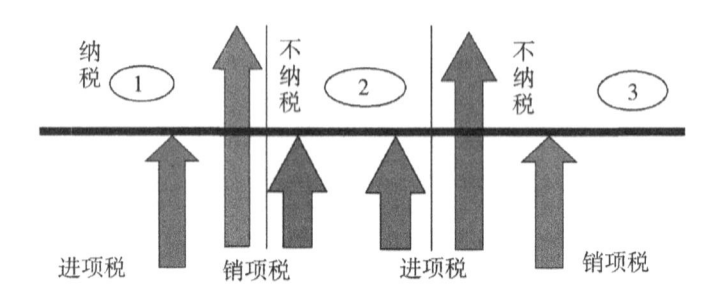

图1-2 进项税与销项税的比较图

建设工程相关纳税人在实践中最理想、最成功的税务筹划就是图1-2中的第二、三种情形,可以做到不缴纳增值税。因此,图1-2中的第二种情形也可以称为增值税的纳税平衡点。

举例:假设你是一般纳税人,在你花1元钱买商品的同时(卖方如果能提供13%增值税专用发票的话),给你销售商品的一方要替税务机关向你收0.13元的税款。你要向卖方支付1.13元。当你把商品以1.2元卖出的时候(或加工成别的商品以1.2元卖出时),你要替税务机关向购买方收取1.2×0.13＝0.156元的税款。实际你的纳税额是0.156－0.13＝0.026元。其中0.13元就叫进项税,0.156元就叫销项税,而用0.13元抵减0.156元的过程就叫抵扣进项税。抵扣的前提是,你是一般纳税人,有通过法定系统认证过的合法进项税额。根据相关法规规定,小规模纳税人不得进行进项税额抵扣,因此,企业小规模纳税人账上没有进项税,只有销项税。

1.1.3　纳税人类别

增值税纳税人实行分类管理,年应税销售额超过500万元的纳税人为一般纳税人,未超过500万元的纳税人为小规模纳税人。

年应税销售额,是指纳税人在连续不超过12个月的经营期内累计应征增值税销售额,含减、免税销售额、发生境外应税行为销售额以及按规定已从销售额中差额扣除的部分。如果该销售额为含税的,应按照适用税率或征收率换算为不含税的销售额。另外,特别需要注意,这里所称的"年"不是自然年度,而是经营期内连续自然月份累计 12 个月内累计应税销售额达到 500 万元。

1.1.3.1 计税方法选择

建设工程增值税计税方法具体包括一般计税方法和简易计税方法,如图 1-3 所示。

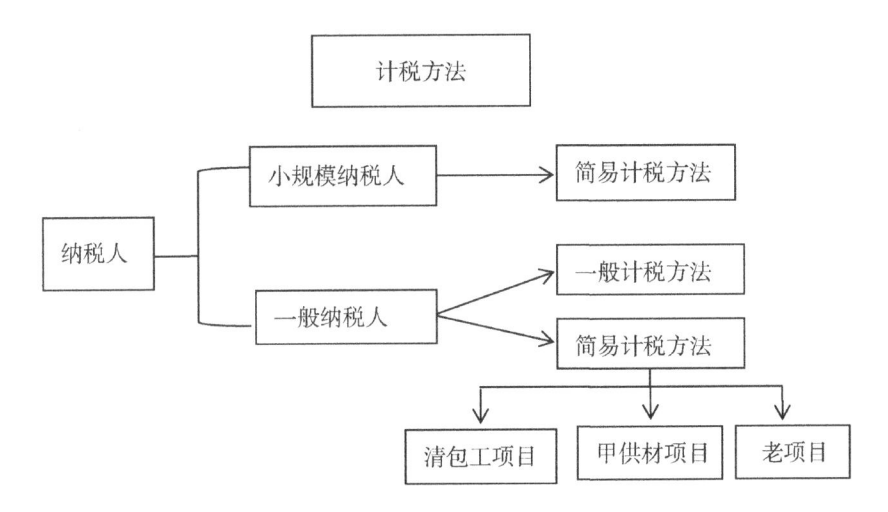

图 1-3 计税方法选择图

(1) 一般纳税人发生应税行为适用一般计税方法计税

一般纳税人发生财政部和国家税务总局规定的特定应税行为,可以选择适用简易计税方法计税,但一经选择,36 个月内不得变更。

(2) 小规模纳税人发生应税行为一律适用简易计税方法计税

通常情况下小规模纳税人增值税的征收率为 3%,但《营业税改征增值税试点有关事项的规定》中明确了小规模纳税人销售和租赁不动产有关事项按 5% 征收率计税。

(3) 特别规定

计税方法选择特别规定表如表 1-2 所示。

表1-2 计税方法选择特别规定表

特别规定	标准	计税方法
甲供材项目	全部或部分设备、材料、动力由发包方自行采购的建筑工程	简易计税方法（3%征收率）
清包工项目	施工方不采购建筑工程所需的材料或只采购辅助材料，并收取人工费、管理费或者其他费用的建筑服务	简易计税方法（3%征收率）
老项目	开工日期在2016年4月30日以前的	简易计税方法（3%征收率）

1.1.3.2 应纳税额计算

一般计税方法是按照销项税额减去进项税额的差额计算应纳税额。简易计税方法是按照当期销售额与征收率的乘积计算应纳税额。应纳税额的计算方法图如图1-4所示。

应纳税额的计算

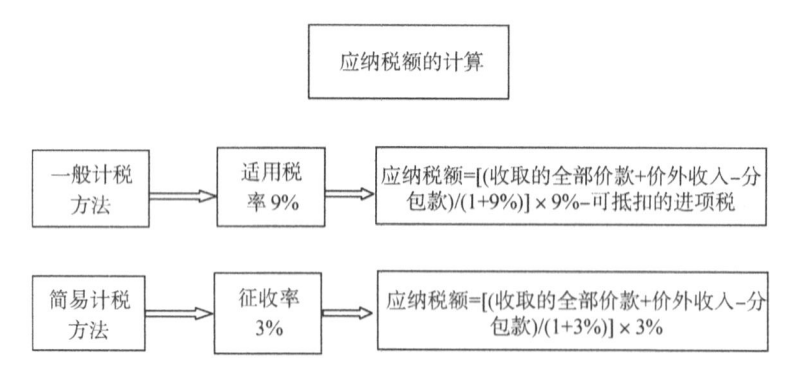

一般计税方法 → 适用税率9% → 应纳税额=[(收取的全部价款+价外收入−分包款)/(1+9%)] × 9%−可抵扣的进项税

简易计税方法 → 征收率3% → 应纳税额=[(收取的全部价款+价外收入−分包款)/(1+3%)] × 3%

图1-4 应纳税额的计算方法图

1.1.3.3 案例

（1）案例一

某建筑公司为一般纳税人，2020年7月1日承接某装修工程，7月30日发包方按合同约定支付工程进度款218万元。该项目当月发生工程成本为100万元，其中购买材料、动力、机械等取得增值税专用发票上注明的累计金额为50万元（不含税，余同），税率13%。建筑公司对该工程项目选择适用一般计税方法，该公司7月应缴纳多少增值税？

一般计税方法下的应纳税额＝当期销项税额－当期进项税额。

该公司 7 月销项税额为 218/(1+9%)×9%＝18 万元。

该公司 7 月进项税额为 50×13%＝6.5 万元。

该公司 7 月应纳增值税额为 18－6.5＝11.5 万元。

(2) 案例二

某建筑公司为增值税一般纳税人,2020 年 8 月 1 日以清包工方式承接安装工程项目,8 月 30 日发包方按合同约定支付工程进度款 218 万元。该项目当月发生工程成本为 100 万元,其中购买材料、动力、机械等取得增值税专用发票上注明的金额为 50 万元。对该工程项目建筑公司选用简易计税方法计算应纳税额,8 月应缴纳多少增值税？

企业以清包工方式提供建筑服务或为甲供工程提供建筑服务可以选用简易计税方式,其进项税额不能抵扣。应纳税额＝销售额×征收率。该公司 8 月应纳增值税额为 218/(1+3%)×3%≈6.35 万元。

1.1.4 纳税义务发生时间

1.1.4.1 增值税纳税义务发生时间

建设工程相关企业的增值税纳税义务发生时间如图 1-5 所示。

1.1.4.2 案例

某建筑公司为增值税一般纳税人,2021 年 5 月 1 日承接 A 工程项目,5 月 30 日按发包方要求为所提供的建筑服务开具增值税专用发票,开票金额 200 万元,税额 18 万元。该项目当月发生工程成本为 100 万元,其中购买材料、动力、机械等取得增值税专用发票上注明的金额为 50 万元。发包方于 6 月 5 日支付了 218 万工程款。对 A 工程项目,建筑公司选择适用一般计税方法计算应纳税额,该公司 5 月应缴纳多少增值税？

增值税纳税义务发生时间为：纳税人发生应税行为并收讫销售款项或者取得索取销售款项凭据的当天；先开具发票的,为开具发票的当天。

收讫销售款、取得索取销售款项凭据、先开具发票,此 3 个条件采用孰先原则,只要满足一个,即发生了增值税纳税义务。

该公司 5 月销项税额为 218/(1+9%)×9%＝18 万元。

该公司 5 月进项税额为 50×13%＝6.5 万元。

该公司 5 月应纳增值税额为 18－6.5＝11.5 万元。

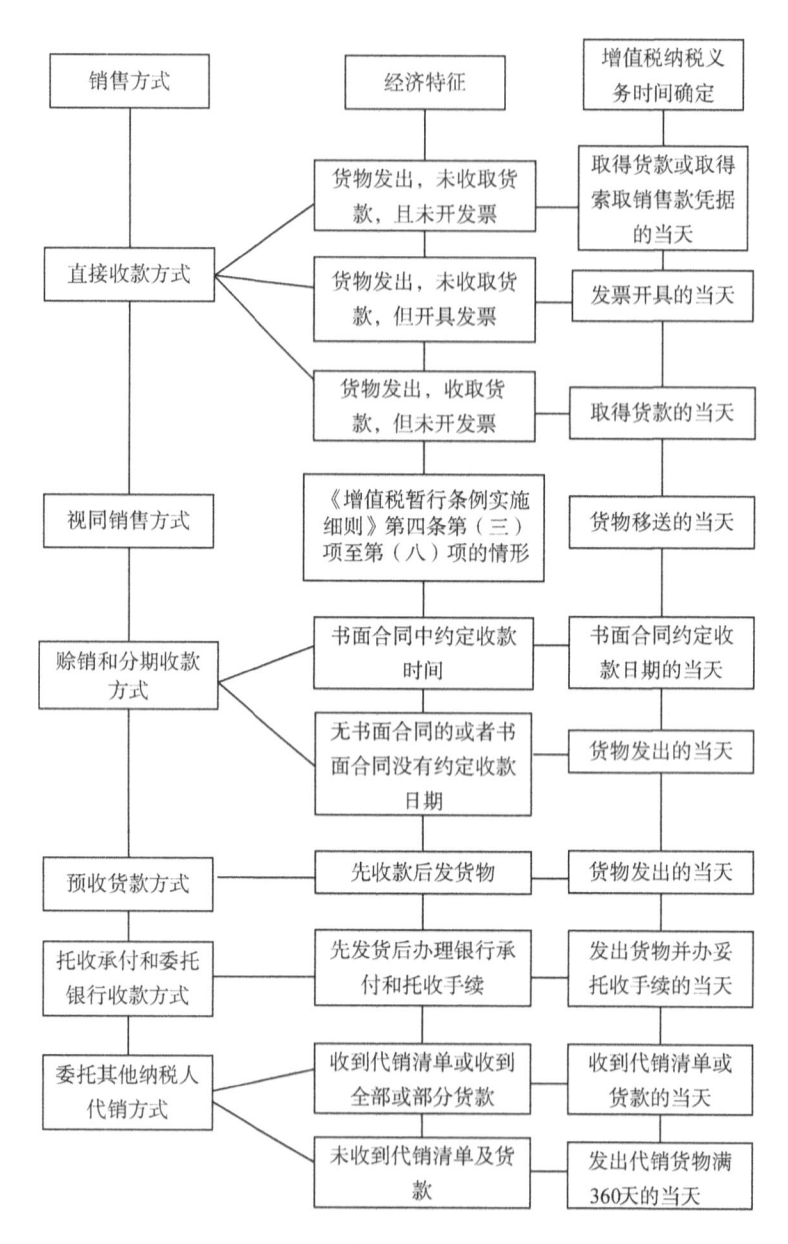

销售方式	经济特征	增值税纳税义务时间确定
直接收款方式	货物发出，未收取货款，且未开发票	取得货款或取得索取销售款凭据的当天
直接收款方式	货物发出，未收取货款，但开具发票	发票开具的当天
直接收款方式	货物发出，收取货款，但未开发票	取得货款的当天
视同销售方式	《增值税暂行条例实施细则》第四条第（三）项至第（八）项的情形	货物移送的当天
赊销和分期收款方式	书面合同中约定收款时间	书面合同约定收款日期的当天
赊销和分期收款方式	无书面合同的或者书面合同没有约定收款日期	货物发出的当天
预收货款方式	先收款后发货物	货物发出的当天
托收承付和委托银行收款方式	先发货后办理银行承付和托收手续	发出货物并办妥托收手续的当天
委托其他纳税人代销方式	收到代销清单或收到全部或部分货款	收到代销清单或货款的当天
委托其他纳税人代销方式	未收到代销清单及货款	发出代销货物满360天的当天

图 1-5 增值税纳税义务时间图

1.1.5 增值税税率

1.1.5.1 增值税征收率(简易计税)

(1)与建筑服务业相关的增值税税率(表1-3)

表1-3 建筑服务类型及其税率/征收率

序号	服务名称	一般纳税人税率/征收率	小规模纳税人征收率
1	工程服务	9%/简易征收	3%
2	安装服务	9%/简易征收	3%
3	修缮服务	9%/简易征收	3%
4	装饰服务	9%/简易征收	3%
5	其他建筑服务	9%/简易征收	3%

(2)适用征收率5%的特殊情况

主要有销售不动产,不动产租赁,转让土地使用权,提供劳务派遣服务、安全保护服务选择差额纳税的。

(3)两种特殊情况

① 个人出租住房,按照5%的征收率减按1.5%计算应纳税额。

② 销售自己使用过的固定资产、旧货,按照3%征收率减按2%征收。

1.1.5.2 预征率

预征率,即"预征"适用的"税率"。按照现行规定应在建筑服务发生地预缴增值税的项目,纳税人收到预收款时在建筑服务发生地预缴增值税。按照现行规定无需在建筑服务发生地预缴增值税的项目,纳税人收到预收款时在机构所在地预缴增值税,具体如表1-4所示。

表1-4 预征率

序号	税目	预征率	
		一般计税	简易计税
1	销售建筑服务	2%	3%
2	销售自行开发房地产	3%	3%

续表

序号	税目	预征率 一般计税	预征率 简易计税
3	不动产经营租赁（其中个体工商户和其他个人出租住房按照5%征收率减按1.5%计算）	3%	5%
4	销售不动产	5%	5%

1.2 企业所得税

1.2.1 企业所得税纳税对象及依据

1.2.1.1 纳税人及征税对象

企业所得税是对我国境内的企业或组织，就其生产、经营所得和其他所得征收的一种所得税。

企业所得税的纳税人是我国境内的企业和其他取得收入的组织。个人独资企业、合伙企业不是企业所得税的纳税人（征收个人所得税）。

企业所得税的征税对象是指企业的生产经营所得、其他所得和清算所得。居民企业和非居民企业应税所得分别视情况确定。

1.2.1.2 税率及计税方法

企业所得税实行比例税率，具体如表1-5所示。企业所得税＝应纳税所得额×适用税率。

表1-5 企业所得税税率

税目	税率
企业所得税税率	25%
符合条件的小型微利企业（2019年1月1日至2021年12月31日，应纳税所得额不超过100万元的部分，减按25%计入应纳税所得额，对年应纳税所得额超过100万元但不超过300万元的部分，减按50%计入应纳税所得额）	20%
国家需要重点扶持的高新技术企业	15%
技术先进型服务企业（中国服务外包示范城市）	15%
线宽小于0.25微米的集成电路生产企业	15%

续表

税目	税率
投资额超过80亿元的集成电路生产企业	15%
设在西部地区的鼓励类产业企业	15%
广东横琴、福建平潭、深圳前海等地区的鼓励类产业企业	15%
国家规划布局内的重点软件企业和集成电路设计企业	10%
对从事污染防治的第三方企业(从2019年1月1日起至2021年底)	15%
非居民企业在中国境内未设立机构、场所的,或者虽设立机构、场所但取得的所得与其所设机构、场所没有实际联系的,应当就其源于中国境内的所得缴纳企业所得税	10%

企业每一纳税年度的收入总额减除不征税收入、免税收入、各项扣除以及允许弥补的以前年度亏损后的余额,为应纳税所得额。

企业应纳税所得额的计算,以权责发生制为原则,属于当期的收入和费用,不论款项是否收付,均作为当期的收入和费用;不属于当期的收入和费用,即使款项已经在当期收付,均不作为当期的收入和费用。

1.2.2 跨地区经营建筑企业所得税征收管理相关政策

建筑企业总机构应按照有关规定办理企业所得税年度汇算清缴,各分支机构和项目部不进行汇算清缴。总机构年度汇算清缴后应纳所得税额小于已预缴的税款时,由总机构主管税务机关办理退税或抵扣以后年度的应缴企业所得税。

跨地区经营的项目部(包括二级以下分支机构管理的项目部)应向项目所在地主管税务机关出具总机构所在地主管税务机关开具的《外出经营活动税收管理证明》,未提供上述证明的,项目部所在地主管税务机关应督促其限期补办;不能提供上述证明的,应作为独立纳税人就地缴纳企业所得税。同时,项目部应向所在地主管税务机关提供总机构出具的证明该项目部属于总机构或二级分支机构管理的证明文件。

建筑企业总机构在办理企业所得税预缴和汇算清缴时,应附送其所直接管理的跨地区经营项目部就地预缴税款的完税证明。

1.3 土地增值税

1.3.1 纳税人

土地增值税的纳税义务人是有偿转让国有土地使用权、地上的建筑物及其附着物的单位和个人。包括各类企业单位、事业单位、机关、社会团体、个体工商业户以及其他单位和个人。

1.3.2 征税对象

土地增值税的征税对象是转让国有土地使用权、地上的建筑物及其附着物所取得的增值额。没有产权的改变，不产生土地增值税的问题。

1.3.3 税率

土地增值税采用四级超率累进税率，最低税率为30%，最高税率为60%。超率累进税率是以征税对象数额的相对率为累进依据，按超累方式计算和确定适用税率，如表1-6所示。

表1-6 土地增值税税率

档次	级距	税率
1	增值额未超过扣除项目金额50%（含本比例数）的部分	30%
2	增值额超过扣除项目金额50%，未超过100%（含本比例数）的部分	40%
3	增值额超过扣除项目金额100%，未超过200%（含本比例数）的部分	50%
4	增值额超过扣除项目金额200%的部分	60%

1.3.4 土地增值税扣除项目

土地增值税扣除项目如表1-7所示。

表1-7 土地增值税扣除项目

转让项目的性质	扣除项目	备注
对于新建房地产转让	1. 取得土地使用权所支付的金额 2. 房地产开发成本 3. 房地产开发费用 4. 与转让房地产有关的税金 5. 财政部规定的其他扣除项目（非房地产企业没有第5项）	房地产企业（扣5项） 非房地产企业（扣4项） 两者差别：加计扣除20%

续表

转让项目的性质	扣除项目	备注
对于存量房地产转让	1. 房屋及建筑物的评估价格 评估价格＝重置成本价×成新度折扣率 2. 取得土地使用权所支付的地价款和按照国家统一规定缴纳的有关费用 3. 转让环节缴纳的税金	房屋(扣3项) 土地(扣2项) 差别：房屋评估价格 （作房屋评估成本）

1.3.5 土地增值税应纳税额计算

① 确定收入总额。② 确定扣除项目。③ 计算增值额。④ 计算增值率。增值率＝增值额/扣除项目金额。⑤ 按照增值率确定适用税率和速算扣除系数。建造普通标准住宅出售，其增值额未超过扣除项目之和20%的，免税。⑥ 计算应纳税额。应纳税额＝增值额×适用税率－扣除项目金额×速算扣除系数。

1.3.6 房地产开发企业土地增值税清算的条件

房地产开发企业土地增值税清算的条件如表1-8所示。

表1-8 房地产开发企业土地增值税清算的条件

项目	备注	
土地增值税的清算单位	1. 取得预售收入时，按照预征率预缴土地增值税；达到清算条件进行清算 2. 以国家有关部门审批的房地产开发项目为单位进行清算，对于分期开发的项目，以分期项目为单位进行清算 3. 开发项目中同时包含普通住宅和非普通住宅的，应分别计算增值额	
土地增值税清算的条件	应进行清算 (1) 房地产开发项目全部竣工、完成销售的 (2) 整体转让未竣工决算房地产开发项目的 (3) 直接转让土地使用权的	可要求纳税人进行清算 (1) 已竣工验收的房地产开发项目，已转让的房地产建筑面积占整个项目可售建筑面积的比例在85%以上，或该比例虽未超过85%，但剩余的可售建筑面积已经出租或自用的 (2) 取得销售(预售)许可证满三年仍未销售完毕的 (3) 纳税人申请注销税务登记但未办理土地增值税清算手续的——应在办理注销登记前进行土地增值税清算 (4) 省(自治区、直辖市、计划单列市)税务机关规定的其他情况

续表

项目	备注
土地增值税项目的审核鉴证	对审核鉴证情况出具鉴证报告

1.3.7　某房地产开发企业转让房产土地增值税计算

2018年,某房地产开发公司开发一栋写字楼出售,取得的销售收入总额为2 000万元,支付开发写字楼的地价款(包含契税)400万元,开发过程中支付拆迁补偿费100万元,供水供电基础设施费80万元,建筑工程费用520万元,开发过程向金融机构借款500万元,借款期限1年,金融机构年利率5%。施工、销售过程中发生的管理费用和销售费用共计260万元。该企业销售写字楼缴纳的印花税、城市维护建设税、教育费附加共计110万元。计算该公司该项目应缴土地增值税税额。

(1) 收入2 000万元

(2) 扣除

① 取得土地使用权所支付的金额:400万元。

② 房地产开发成本:100+80+520=700万元。

③ 房地产开发费用:80万元。其中:a. 利息支出为500×5%=25万元;b. 其他为(400+700)×5%=55万元。(管理费用和销售费用不能据实扣除)

④ 税金:110万元。

⑤ 加计扣除:1 100×20%=220万元。

扣除项目金额合计:400+700+80+110+220=1 510万元。

(3) 增值额

增值额:2 000-1 510=490万元。

(4) 税率

增值额/扣除项目金额=490/1 510≈32%,32%<50%,故适用税率为30%。

(5) 税额

应缴纳土地增值税税额:490×30%=147万元。

1.4 六税两费

1.4.1 资源税

1.4.1.1 纳税义务人与扣缴义务人

(1) 纳税义务人

资源税的纳税义务人是指在中华人民共和国领域及管辖海域开采应税资源的矿产品或者生产盐的单位和个人。

资源税是境内税,进口不征、出口不退。

开采陆上或海洋的油气资源的中外合作油气田、开采海洋油气资源的自营油气田,不再缴纳矿区使用费,依法缴纳资源税。

(2) 扣缴义务人

独立矿山、联合企业及其他收购未税矿产品的单位为扣缴义务人。

1.4.1.2 税目和税率

(1) 资源税税目(表1-9)

表1-9 资源税税目

征税范围(结合税收优惠)	不征或暂不征收的项目	备注
矿产品	原油(天然原油)	不包括人造石油
天然气(专门开采或与原油同时开采的天然气)		
原煤、未税原煤加工的洗选煤	其他煤炭制品	
非金属矿	一般在税目税率表上列举了名称	对未列举名称的其他金属和非金属矿产品,由省级人民政府根据实际情况确定具体税目和适用税率,并报财政部和国家税务总局备案
金属矿		
盐	固体盐(海盐原盐、湖盐原盐和井矿盐)	
液体盐(卤水)		

(2) 资源税税率(2020年9月1日开始执行,表1-10)

表1-10 资源税税率

税目			征税对象	税率
能源矿产		原油	原矿	6%
		天然气、页岩气、天然气水合物	原矿	6%
		煤	原矿或者选矿	2%~10%
		煤成(层)气	原矿	1%~2%
		铀、钍	原矿	4%
		油页岩、油砂、天然沥青、石煤	原矿或者选矿	1%~4%
		地热	原矿	1%~20%或者每立方米1~30元
金属矿产	黑色金属	铁、锰、铬、钒、钛	原矿或者选矿	1%~9%
	有色金属	铜、铅、锌、锡、镍、锑、镁、钴、铋、汞	原矿或者选矿	2%~10%
		铝土矿	原矿或者选矿	2%~9%
		钨	选矿	6.50%
		钼	选矿	8%
		金、银	原矿或者选矿	2%~6%
		铂、钯、钌、锇、铱、铑	原矿或者选矿	5%~10%
		轻稀土	选矿	7%~12%
		中重稀土	选矿	20%
		铍、锂、锆、锶、铷、铯、铌、钽、锗、镓、铟、铊、铪、铼、镉、硒、碲	原矿或者选矿	2%~10%
非金属矿产	矿物类	高岭土	原矿或者选矿	1%~6%
		石灰岩	原矿或者选矿	1%~6%或者每吨(或每立方米)1~10元
		磷	原矿或者选矿	3%~8%
		石墨	原矿或者选矿	3%~12%
		萤石、硫铁矿、自然硫	原矿或者选矿	1%~8%

续表

税目			征税对象	税率
		天然石英砂、脉石英、粉石英、水晶、工业用金刚石、冰洲石、蓝晶石、硅线石（矽线石）、长石、滑石、刚玉、菱镁矿、颜料矿物、天然碱、芒硝、钠硝石、明矾石、砷、硼、碘、溴、膨润土、硅藻土、陶瓷土、耐火粘土、铁钒土、凹凸棒石粘土、海泡石粘土、伊利石粘土、累托石粘土	原矿或者选矿	1%～12%
		叶腊石、硅灰石、透辉石、珍珠岩、云母、沸石、重晶石、毒重石、方解石、蛭石、透闪石、工业用电气石、白垩、石棉、蓝石棉、红柱石、石榴子石、石膏	原矿或者选矿	2%～12%
		其他粘土（铸型用粘土、砖瓦用粘土、陶粒用粘土、水泥配料用粘土、水泥配料用红土、水泥配料用黄土、水泥配料用泥岩、保温材料用粘土）	原矿或者选矿	1%～5%或者每吨（或每立方米）0.1～5元
	岩石类	大理岩、花岗岩、白云岩、石英岩、砂岩、辉绿岩、安山岩、闪长岩、板岩、玄武岩、片麻岩、角闪岩、页岩、浮石、凝灰岩、黑曜岩、霞石正长岩、蛇纹岩、麦饭石、泥灰岩、含钾岩石、含钾砂页岩、天然油石、橄榄岩、松脂岩、粗面岩、辉长岩、辉石岩、正长岩、火山灰、火山渣、泥炭	原矿或者选矿	1%～10%
		砂石	原矿或者选矿	1%～5%或者每吨（或每立方米）0.1～5元
	宝玉石类	宝石、玉石、宝石级金刚石、玛瑙、黄玉、碧玺	原矿或者选矿	4%～20%
水气矿产	二氧化碳气、硫化氢气、氦气、氡气		原矿	2%～5%
	矿泉水		原矿	1%～20%或者每立方米1～30元

续表

税目		征税对象	税率
盐	钠盐、钾盐、镁盐、锂盐	选矿	3‰~15‰
	天然卤水	原矿	3‰~15‰或者每吨(或每立方米)1~10元
	海盐		2‰~5‰

1.4.1.3　计税依据和应纳税额

(1) 从价定率征收的计税依据——销售额

销售资源税应税产品全部价款和价外费用,但不包括收取的增值税销项税额和运杂费用。

不包括:

① 同时符合两项条件的代垫运费;

② 同时符合三项条件的代为收取的政府性基金、行政事业性收费。

(2) 从量定额征收的计税依据——销售数量

① 销售数量包括纳税人开采或者生产应税产品的实际销售数量和视同销售的自用数量。(不是开采数量)

② 纳税人不能准确提供应税产品销售数量的,以应税产品的产量或者主管税务机关确定的折算比换算成的数量为计征资源税的销售数量。

(3) 应纳税额的计算:两种计税方法

① 从价定率征收:应纳税额=销售额×适用税率。

② 从量定额征收:应纳税额=课税数量×单位税额。

1.4.2　房产税

1.4.2.1　基本规定

房产税依照房产原值一次减除10%至30%后的余值计算缴纳。各省、自治区、直辖市人民政府根据地区实际规定具体幅度。

房产出租的计税依据为租金收入。

① 无租使用其他单位房产的应税单位和个人,依照房产余值代缴房产税。

② 产权出典的房产,由承典人依照房产余值缴纳房产税。

③ 融资租赁的房产,由承租人自融资租赁合同约定开始日的次月起依照

房产余值缴纳房产税。

房产税按年征收,分期缴纳。各省、自治区、直辖市人民政府根据地区实际规定纳税期限。房产税在房产所在地缴纳。对房产不在同一地方的纳税人,应按房产的坐落地点分别向房产所在地的税务机关缴纳。

1.4.2.2 纳税义务发生时间与截止时间

① 将原有房产用于生产经营的纳税义务发生时间从生产经营之月起。

② 自建房屋用于生产经营的纳税义务发生时间从建成之日的次月起。

③ 委托施工企业建设的房屋的纳税义务发生时间从办理验收手续之次月起。

④ 纳税人购置新建商品房的纳税义务发生时间自房屋交付使用之次月起。

⑤ 购置存量房的纳税义务发生时间自办理房屋权属转移,登记机关签发房屋权属证书之次月起。

⑥ 纳税人出租、出借房产的纳税义务发生时间自交付出租、出借房产之次月起。

⑦ 房地产开发企业自用、出租、出借本企业建造商品房的纳税义务发生时间自房屋使用或交付之次月起。

⑧ 融资租赁的房产的纳税义务发生时间从融资租赁合同约定开始日的次月起。

纳税人因房产、土地的实物或权利状态发生变化而依法终止房产税、城镇土地使用税纳税义务的,其应纳税款的计算应截止到房产、土地的实物或权利状态发生变化的当月末。

1.4.2.3 房产税税率

(1) 从价计税:1.2%

(2) 从租计税:12%

① 个人出租住房,不分用途,按4%的税率征收房产税。

② 对企事业单位、社会团体以及其他组织按市场价格向个人出租用于居住的住房,减按4%的税率征收房产税。

1.4.3 城市维护建设税

1.4.3.1 纳税人

在我国境内缴纳增值税、消费税的单位和个人,为城市维护建设税的纳税人。

1.4.3.2 纳税义务发生时间

城市维护建设税纳税义务发生时间与增值税、消费税的纳税义务发生时间一致,分别与增值税、消费税同时缴纳。

1.4.3.3 计税依据与方法

城市维护建设税以纳税人依法实际缴纳的增值税、消费税税额为计税依据。应当按照规定扣除期末留抵退税退还的增值税税额。

城市维护建设税应纳税额=计税依据×适用税率。

对进口货物或者境外单位和个人向境内销售劳务、服务、无形资产缴纳的增值税、消费税税额,不征收城市维护建设税。

1.4.3.4 税率

① 纳税人所在地在市区的,税率为7%。
② 纳税人所在地在县城、镇的,税率为5%。
③ 纳税人所在地不在市区、县城或者镇的,税率为1%。

纳税人所在地,是指纳税人住所地或者与纳税人生产经营活动相关的其他地点。

1.4.4 城镇土地使用税

1.4.4.1 纳税人

在城市、县城、建制镇和工矿区范围内使用土地的单位和个人,为城镇土地使用税的纳税人。土地使用税按年计算,分期缴纳。

1.4.4.2 征税范围

城市、县城、建制镇和工矿区内的国家所有和集体所有的土地,不包括农村集体所有的土地。

1.4.4.3 税率

城镇土地使用税适用四档地区幅度差别定额税率,每档最高税率是最低税率的20倍。

① 大城市 1.5 元至 30 元。
② 中等城市 1.2 元至 24 元。
③ 小城市 0.9 元至 18 元。
④ 县城、建制镇、工矿区 0.6 元至 12 元。

1.4.4.4 计税依据与方法

城镇土地使用税以纳税人实际占用的土地面积为计税依据。

全年应纳税额＝实际占用应税土地面积(平方米)×适用税额。

缴纳期限由省、自治区、直辖市人民政府确定。

1.4.5 印花税

1.4.5.1 纳税人

在我国境内书立应税凭证、进行证券交易的单位和个人,为印花税的纳税人,应当依照《中华人民共和国印花税法》(以下简称《印花税法》)规定缴纳印花税。

在我国境外书立在境内使用的应税凭证的单位和个人,应当依照《印花税法》规定缴纳印花税。

应税凭证,是指合同、产权转移书据和营业账簿。

1.4.5.2 税目和税率

印花税税目、税率表如表 1-11 所示。

表 1-11 印花税税目、税率表(2022 年 7 月 1 日起施行)

税目		税率	备注
合同(指书面合同)	借款合同	借款金额的万分之零点五	指银行业金融机构、经国务院银行业监督管理机构批准设立的其他金融机构与借款人(不包括同业拆借)的借款合同
	融资租赁合同	租金的万分之零点五	
	买卖合同	价款的万分之三	指动产买卖合同(不包括个人书立的动产买卖合同)
	承揽合同	报酬的万分之三	

续表

税目		税率	备注
合同(指书面合同)	建设工程合同	价款的万分之三	
	运输合同	运输费用的万分之三	指货运合同和多式联运合同(不包括管道运输合同)
	技术合同	价款、报酬或者使用费的万分之三	不包括专利权、专有技术使用权转让书据
	租赁合同	租金的千分之一	
	保管合同	保管费的千分之一	
	仓储合同	仓储费的千分之一	
	财产保险合同	保险费的千分之一	不包括再保险合同
产权转移书据	土地使用权出让书据	价款的万分之五	转让包括买卖(出售)、继承、赠与、互换、分割
	土地使用权、房屋等建筑物和构筑物所有权转让书据(不包括土地承包经营权和土地经营权转移)	价款的万分之五	
	股权转让书据(不包括应缴纳证券交易印花税的)	价款的万分之五	
	商标专用权、著作权、专利权、专有技术使用权转让书据	价款的万分之三	
营业账簿		实收资本(股本)、资本公积合计金额的万分之二点五	
证券交易		成交金额的千分之一	

1.4.5.3 《印花税法》政策解读

2021年6月10日第十三届全国人大常委会第二十九次会议通过《中华人民共和国印花税法》，自2022年7月1日起施行。对比原先的《印花税暂行条例》，涉及建筑行业的变化主要有以下几个方面。

(1) 明确了印花税计税依据不包括列明的增值税金额

应税合同的计税依据，为合同所列的金额，不包括列明的增值税税款；应税产权转移书据的计税依据，为产权转移书据所列的金额，不包括列明的增值税税款。

（2）降低了建设工程勘察设计合同的印花税税率

将建筑安装工程承包合同和建设工程勘察设计合同统一为建筑工程合同，税率从原来的万分之五降低为万分之三。

（3）明确了纳税期限和纳税地点

纳税人为单位的，应当向其机构所在地的主管税务机关申报缴纳印花税。实行按次计征的，纳税人应当自纳税义务发生之日起十五日内申报缴纳税款。

1.4.6　耕地占用税

1.4.6.1　纳税人

在我国境内占用耕地建设建筑物、构筑物或者从事非农业建设的单位和个人，为耕地占用税的纳税人。

1.4.6.2　纳税义务发生时间

耕地占用税的纳税义务发生时间为纳税人收到自然资源主管部门办理占用耕地手续的书面通知的当日。纳税人应当自纳税义务发生之日起三十日内申报缴纳耕地占用税。

1.4.6.3　税率

① 人均耕地不超过一亩的地区（以县、自治县、不设区的市、市辖区为单位，下同），每平方米为10元至50元。

② 人均耕地超过一亩但不超过二亩的地区，每平方米为8元至40元。

③ 人均耕地超过二亩但不超过三亩的地区，每平方米为6元至30元。

④ 人均耕地超过三亩的地区，每平方米为5元至25元。

各地区耕地占用税的适用税额，由省、自治区、直辖市人民政府根据人均耕地面积和经济发展等情况在规定的税额幅度内确定。

1.4.6.4　计税依据与方法

耕地占用税以纳税人实际占用的耕地面积为计税依据。按照规定的适用税额标准计算应纳税额，实行一次性征收。

1.4.7 教育费附加及地方教育附加

教育费附加、地方教育附加是为了扶持教育事业发展而征收的税种,以纳税人实际缴纳的增值税、消费税税额为依据征收,遵循"进口不征、出口不退"的规则。

1.4.7.1 教育费附加及地方教育附加计税依据及方式

(1) 征收依据

教育费附加和地方教育附加是以实际缴纳的增值税、消费税税额为征收依据的。

以下两种情形免征教育费附加和地方教育附加:

① 月销售额不超过 3 万、季度销售额不超过 9 万的减免增值税的小规模纳税人企业。

② 在月销售额不超过 10 万、季度销售额不超过 30 万的实际缴纳增值税、消费税的企业。

在这种减免的情况下,由于现行政策没有明确的规定,一般不需要进行相关的账务处理。

(2) 征收比率

教育费附加的税率为 3%,大部分地区的地方教育附加税率为 2%。

计算公式如下:

教育费附加=(实际缴纳的增值税+消费税税额)×3%。

地方教育附加=(实际缴纳的增值税+消费税税额)×2%。

(3) 案例分析

2020 年 5 月,甲公司实际缴纳的增值税为 100 000 元,消费税为 50 000 元。

教育费附加=(100 000+50 000)×3%=4 500 元。

地方教育费附加=(100 000+50 000)×2%=3 000 元。

1.4.7.2 教育费附加及地方教育附加相关政策

(1) 教育费附加计税依据是否包含滞纳金和罚款

《国务院关于修改〈征收教育费附加的暂行规定〉的决定》第三条规定:"教育费附加,以各单位和个人实际缴纳的增值税、营业税、消费税的税额为计征依据,教育费附加率为 3%,分别与增值税、营业税、消费税同时缴纳。"

(2) 异地预缴增值税涉及的教育费附加如何缴纳

《财政部国家税务总局关于纳税人异地预缴增值税有关城市维护建设税和教育费附加政策问题的通知》(财税〔2016〕74号)规定:"纳税人跨地区提供建筑服务、销售和出租不动产的,应在建筑服务发生地、不动产所在地预缴增值税时,以预缴增值税税额为计税依据,并按预缴增值税所在地的城市维护建设税适用税率和教育费附加征收率就地计算缴纳城市维护建设税和教育费附加。"

(3) 享受增值税期末留抵退税政策,教育费附加计税依据是否包含退还的增值税税额

《财政部税务总局关于增值税期末留抵退税有关城市维护建设税教育费附加和地方教育附加政策的通知》(财税〔2018〕80号)规定:"对实行增值税期末留抵退税的纳税人,允许其从城市维护建设税、教育费附加和地方教育附加的计税(征)依据中扣除退还的增值税税额。"

(4) 已享受教育费附加优惠的增值税小规模纳税人,可否再享受税额减免优惠

《财政部税务总局关于实施小微企业普惠性税收减免政策的通知》(财税〔2019〕13号)第三条、第四条规定,省、自治区、直辖市人民政府对增值税小规模纳税人可以在50%的税额幅度内减征教育费附加、地方教育附加等税种。增值税小规模纳税人已依法享受教育费附加、地方教育附加等其他优惠政策的,可叠加享受上述优惠政策。

(5) 一般纳税人按规定转登记为小规模纳税人,何时可以享受教育费附加减征优惠

《国家税务总局关于增值税小规模纳税人地方税种和相关附加减征政策有关征管问题的公告》(国家税务总局公告2019年第5号)第二条规定,缴纳教育费附加和地方教育附加等税费的增值税一般纳税人按规定转登记为小规模纳税人的,自成为小规模纳税人的当月起适用减征优惠。

1.5 税收优惠政策

1.5.1 增值税之"月销售额15万元以下免税政策"

《财政部税务总局关于明确增值税小规模纳税人免征增值税政策的公告》

（财政部税务总局公告 2021 年第 11 号）、《国家税务总局关于小规模纳税人免征增值税征管问题的公告》（国家税务总局公告 2021 年第 5 号）规定，自 2021 年 4 月 1 日至 2022 年 12 月 31 日，对月销售额 15 万元以下（季销售额 45 万元以下，含本数）的增值税小规模纳税人，免征增值税。

① 小规模纳税人发生增值税应税销售行为，合计月销售额超过 15 万元，但扣除本期发生的销售不动产的销售额后未超过 15 万元的，其销售货物、劳务、服务、无形资产取得的销售额免征增值税。

② 适用增值税差额征税政策的小规模纳税人，以差额后的销售额确定是否可以享受本公告规定的免征增值税政策。

③ 按固定期限纳税的小规模纳税人可以选择以 1 个月或 1 个季度为纳税期限，一经选择，一个会计年度内不得变更。

1.5.2　增值税之"疫情期间 1% 征收率政策"

《财政部税务总局关于延续实施应对疫情部分税费优惠政策的公告》（财政部税务总局公告 2021 年第 7 号）规定，截至 2021 年 12 月 31 日，增值税小规模纳税人适用 3% 征收率的应税销售收入，减按 1% 征收率征收增值税；适用 3% 预征率的预缴增值税项目，减按 1% 预征率预缴增值税。

① 此项政策仅适用"适用 3% 征收率"项目，比如出租不动产等 5% 征收率项目，则不适用此项政策。

②《国家税务总局关于进一步优化增值税优惠政策办理程序及服务有关事项的公告》（国家税务总局公告 2021 年第 4 号）规定，单位和个体工商户（以下统称纳税人）适用增值税减征、免征政策的，在增值税纳税申报时按规定填写申报表相应减免税栏次即可享受，相关政策规定的证明材料留存备查。

1.5.3　优惠政策运用注意事项

（1）如何准确判断能否享受小规模纳税人优惠

举例：某公司为按季申报的小规模纳税人，主营销售货物。2021 年第三季度主营收入（不含税）为 45 万元，另出售了一套房屋获得收入（不含税）200 万元。

分析：销售额合计 245 万，超过了免税销售额。但是文件规定，扣除本期发生的销售不动产的销售额后仍未超过 45 万元的，其销售货物、劳务、服务、无形资产取得的销售额，可享受小规模纳税人免税政策。本季度销售货物取得的45万元收入可以享受小规模纳税人免税政策。

(2) 开具专票后还能否享受增值税免税政策

需要视具体情况而定。如果已经开具的增值税专用发票做冲红处理,则可以申请退税。

举例:B公司开具增值税专用发票后冲红,2021年第二季度销售额未超过45万时,因开具专票已经缴纳的税款是否可以申请退还?

分析:纳税人自行开具或申请代开增值税专用发票,应就其开具的增值税专用发票相对应的应税行为计算缴纳增值税。

如果小规模纳税人月销售额未超过15万元(季度销售额未超过45万元),当期因开具增值税专用发票已经缴纳的税款,在增值税专用发票全部联次追回或者按规定开具红字专用发票后,可以向主管税务机关申请退还。因此,该公司可以在开具红字专用发票后申请退税。

(3) 开具3%的增值税专用发票能否享受减按1%征收增值税的优惠

不能。

举例:A公司是广州一家增值税小规模纳税人,主要从事口罩等防护用品的销售。2020年3月,根据购买方需要,某单位为其开具了一张3%征收率的增值税专用发票,其他业务均按规定开具1%征收率的增值税普通发票。请问开具专用发票的这笔业务能否享受减按1%征收增值税的优惠?

分析:由于增值税专用发票具有抵扣功能,纳税人按照规定开具了1%征收率的增值税专用发票的,可以享受减按1%征收率征收增值税政策;纳税人开具3%征收率的增值税专用发票部分,需要按3%征收率申报缴纳增值税。

(4) 开具3%的增值税普通发票能否享受减按1%征收增值税的优惠

可以。

举例:某公司属于按月申报的增值税小规模纳税人,2020年3月销售额为20万元,其中有几个客户想要发票作为凭证,开具了10张征收率为3%的增值税普通发票。如果要享受减按1%征收增值税政策,是否必须追回上述3%征收率的发票,还是可以在申报纳税时直接减按1%申报缴纳增值税?

分析:开具了征收率为3%的增值税普通发票的,可以直接减按1%征收率申报缴纳增值税。需要提醒的是,按照《中华人民共和国发票管理办法》等相关规定,纳税人应如实开具发票。纳税人享受减按1%征收率征收政策的,在开具增值税普通发票时,应当在税率或征收率栏次填写"1%"字样。往后,纳税人应当按照上述规定开具增值税普通发票。

第 2 章

建设工程涉税法规

2.1 《中华人民共和国民法典》涉税规定

《中华人民共和国民法典》(以下简称《民法典》)已于 2021 年 1 月 1 日起施行。本节列举《民法典》中部分涉税条款,以帮助建设工程相关企业了解新规定、依法纳税,合理进行税务筹划。

2.1.1 合同约定与包税条款的效力

合同签订过程中会涉及税费缴纳问题,有约定共同缴纳的,有约定买方承担的,有约定依法分担的,约定清楚的会按照约定承担,约定不清楚的,该如何承担?

《民法典》第五百一十条和第五百一十一条规定,当事人就有关合同内容约定不明确的,可以按照相关条款或交易习惯确定,如果仍不能确定的,由履行义务一方负担。

相关税法规定,增值税、土地增值税由取得收入的一方缴纳,契税由承受房产土地的一方缴纳。

在工程实践中,为避免出现上述涉税问题,在招投标过程中除约定税费义务方,还须注意以下三个方面。

① 在招标资格审查环节,结合工程拟采取的计价方法,增加对投标人纳税资格的要求和审查。

② 在招标环节,根据本单位建设项目的财务和税务筹划,确定希望将来得到的工程款发票的种类,在招标文件和施工合同中约定将来承包人开具的发票种类。

③ 在招标文件和施工合同中约定发票的增值税率。

2.1.2 债权转让可能存在的虚开发票风险

《民法典》第五百四十五条规定,债权人可以将债权的全部或者部分转让给第三人。这种情况由于欠款的偿还义务转移,就可能形成资金与发票不相符的情况,在财务账目处理时,对债权人来讲其应收账款减少,经营成本增加。

债权转让在《民法典》中是合法有效的,但导致三流不统一,这种情况如果被税务机关否定则影响企业取得发票合法抵扣,容易产生虚开发票的风险,如在工作中出现这种债权转让的民事行为,须留好会计凭证备查。

税法上的三流统一,在有些民事法律关系中很容易被动摇,有些交易不可能达到三流统一的表象,但实则真实交易。

案例:A公司从B公司处购进一批煤炭,价税合计113万元。按照B公司的指示,A公司直接将货款支付给B公司的债权方C公司,以抵偿B公司对C公司的等额债务。A公司取得B公司开具的价款100万、税额13万的增值税专用发票。《国家税务总局关于加强增值税征收管理若干问题的通知》(国税发〔1995〕192号)规定:"……(三)购进货物或应税劳务支付货款、劳务费用的对象。纳税人购进货物或应税劳务,支付运输费用,所支付款项的单位,必须与开具抵扣凭证的销货单位、提供劳务的单位一致,才能够申报抵扣进项税额,否则不予抵扣。"该案例中形式上资金流与货物流并不一致。A公司能否抵扣该进项税金?

解析:《民法典》中有"指示交付"的规定。A公司按照B公司的指示交付货款,其民法效力相当于向B公司支付。在认定税法事实时,我们并不能否认A公司向B公司交付货款的民事法律行为效力,以"三流不一致"为由限制A公司的进项抵扣权。因此,可以抵扣进项税金。

2.1.3 合同定金的涉税问题

《民法典》第五百八十六条规定:"当事人可以约定一方向对方给付定金作为债权的担保。"同时规定:"定金的数额由当事人约定;但是,不得超过主合同标的额的百分之二十。"《民法典》第五百八十七条规定:"债务人履行债务的,定金应当抵作价款或者收回。给付定金的一方不履行债务或者履行债务不符合约定,致使不能实现合同目的的,无权请求返还定金;收受定金的一方不履行债务或者履行债务不符合约定,致使不能实现合同目的的,应当双倍返还定金。"

案例:A公司向B公司订货物200万元,先向B公司支付定金20万元。合同约定,定金可以抵减货款,A公司取得货物后,再向B公司支付180万元即可。如果A公司毁约,则20万元定金不退回。如果B公司毁约,无法供货,则双倍返还定金。

解析:第一,A公司的涉税问题。一是如果A公司毁约,退不回来的定金能否在企业所得税税前扣除?二是如果B公司毁约,B公司支付的40万元是否要征收增值税?

首先,A公司如果购货是用于产生企业所得税应税收入,比如再转售,则可以在企业所得税税前扣除；如果购货是用于和企业所得税没有直接关系的用途，如用于离退休职工过节慰问，则不能扣除。对于扣除需要的凭证，要区分不同情况：如果定金成为对方的增值税应税收入，则必须取得发票；如果不是对方的增值税应税收入，则可以不是发票。其次，如果B公司毁约，自B公司取得的40万元不是增值税条例规定的应征收增值税的收入，不征收增值税。

第二，B公司的涉税问题。一是取得定金时是否确认收入，是否应征收增值税？二是支付A公司的40万元，是否可以在企业所得税税前扣除？

首先，如果合同约定定金可以冲抵价款，则20万元定金属于预收的部分货款，增值税纳税义务发生时间的标准是合同约定的收款时间，所以，只要收取今后冲抵价款的定金，增值税纳税义务已经发生，应计算增值税并给对方开票。如果合同约定，定金到期退回，货款另外支付，则定金不应作为增值税应税收入。其次，支付A公司的40万元是为产生应税收入发生的支出，应可以在企业所得税税前扣除。由于不属于A公司的增值税应税收入，企业所得税税前扣除的凭证可以不是发票，合同、支付凭证等可以作为企业所得税税前扣除的凭证。

2.1.4 订立合同的时间与纳税义务发生时间

在工程实践中合同签订时会出现履行合同时间节点与纳税时间存在差异的情况，如施工过程中根据工程进度来拨款，或者房地产转让过程中签订合同时间早于房产过户时间，以哪个为准。

《中华人民共和国增值税暂行条例》（以下简称《增值税暂行条例》）第十九条规定，纳税义务发生时间为，收讫销售款项或者取得索取销售款项凭据的当天；先开具发票的，为开具发票的当天。这种时间的界定与合同履行原理完全不同，增值税纳税义务通俗地说就是先收钱，以收钱为准；合同中约定的付款时间为取得"收讫销售款项凭据"的当天；先开出发票的，以开出发票的时间为准。

纳税义务时间分为缴纳税款的时间和税务申报时间，税务申报对于纳税人在《民法典》（第七条）中称为"诚信原则"，也就是可以先不缴税，但是必须如实申报，不得不申报或虚假申报。《中华人民共和国税收征收管理法》第六十三条和《中华人民共和国刑法》第二百零一条均以纳税人或扣缴义务人是否纳税申报为是否偷税的认定条件，申报后不缴的可以缴纳滞纳金，但不认定偷税，如果不申报或虚假申报则不单是滞纳金的问题，还可能构成偷税。

2.2 农民工工资支付相关规定解读

2.2.1 《保障农民工工资支付条例》解读

《保障农民工工资支付条例》（以下简称《条例》）已于 2020 年 5 月 1 日起正式施行，《条例》第四章设专章对工程建设领域的"农民工工资支付"问题做了详细规定，体现了国家对建筑行业农民工欠薪问题的高度重视。

《条例》主要明确了以下 4 项内容。

（1）明确主体责任，细化部门监管职责

《条例》提出要坚持市场主体负责、政府依法监管、社会协同监督，细化地方政府、住房城乡建设、财政、公安等各部门的监管责任，发挥工会、共青团等各级组织以及新闻媒体作用，实现多方共治。

（2）规范工资支付行为，坚持源头治理

《条例》明确了用人单位应按照工资支付周期和具体支付日期，以银行转账或者现金形式足额支付工资，用人单位应当编制书面工资支付台账，并提供农民工本人的工资清单。

（3）明确工资清偿责任，实行全程监管

《条例》在规定用人单位为工资清偿责任主体的基础上，明确了不具备合法经营资格的单位招用农民工、使用违法派遣的农民工、将工作任务发包等特殊情形下的工资清偿责任，明确了合伙企业、个人独资企业等特殊情形下拖欠农民工工资的清偿主体的清偿方式。

（4）提高违法成本，强化监管手段

《条例》明确了相关部门监督检查权限，人力资源和社会保障部门可以查询相关单位金融账户及房产、车辆等情况；建立用人单位劳动保障守法诚信档案和拖欠农民工工资失信联合惩戒制度，对违反本条例的行为设定了相应的法律责任，如对未按规定开设和使用农民工工资专用账户、未存储工资保证金或提供金融机构保函、未实行劳动用工实名制管理的，情节严重的，给予施工单位限制承接新工程、降低资质等级、吊销资质证书等处罚。

2.2.2 《工程建设领域农民工工资保证金规定》解读

2019 年底，国务院颁布《保障农民工工资支付条例》，将工资保证金制度由政策要求上升为法律规定,并授权人社部会同有关主管部门制定具体办法。根据授权,人社部在认真总结、吸取前期各地实践经验的基础上,充分考虑当前工程建设领域实际,会同住房和城乡建设部、交通运输部、水利部、银保监会、铁路局、民航局等部门,制定了《工程建设领域农民工工资保证金规定》(以下简称《规定》),于2021年11月1日起施行。

《规定》共五章二十九条,明确了工资保证金存储、使用、监管等内容。

(1) 工资保证金的具体概念

工资保证金是指工程建设领域施工总承包单位在银行设立账户并按照工程施工合同额的一定比例存储,用于支付为所承包工程提供劳动的农民工被拖欠工资的专项资金。

《规定》明确了工资保证金的具体形式,除现金存储外,可以用银行保函代替,还可以根据需要采用工程担保公司保函或工程保证保险形式。

(2) 工资保证金的适用范围、存储主体及存储形式

《规定》对能够全国统一的事项尽可能予以规范,工资保证金适用于工程建设领域所有在建工程项目。工资保证金存储主体是工程的施工总承包单位,其他主体均不再存储。各施工总承包单位可自主选择经办银行,并在自有银行账户办理存储工资保证金。

(3) 工资保证金的存储比例

工资保证金按工程施工合同额(或年度合同额)的一定比例存储,原则上不低于1%,不超过3%。为了降低企业资金成本,针对施工总承包单位在同一个工资保证金管理地区有多个在建工程的情况,《规定》明确可以适当下浮存储比例,最低可下浮至施工合同额(或年度合同额)的0.5%。此外,对单个工程合同额较高的,还可以设定存储上限,防止出现不必要的大额工资保证金,进一步减轻企业负担。根据各施工总承包单位农民工工资支付具体落实情况,可以进行存储比例的调整,如因拖欠农民工工资被纳入"严重失信主体名单"的,存储比例增幅不低于100%。

(4) 工资保证金的启用

发生拖欠农民工工资的,经人力资源和社会保障部门依法作出责令限期清偿或先行清偿的行政处理决定,施工总承包单位到期拒不履行的,属地人力资源和社会保障部门可以向相关经办银行出具"农民工工资保证金支付通知书",由经办银行从工资保证金账户中将相应数额的款项以银行转账的方式支付给指定的被欠薪农民工本人。采用银行保函替代工资保证金的,由经办银

行按照银行保函约定支付农民工工资。

在使用工资保证金后,施工总承包单位需要补足工资保证金或开立新的银行保函。

(5) 工资保证金的返还

工程完工且不存在欠薪的,施工总承包单位在作出书面承诺相应工程不存在未解决的欠薪问题,履行相应公示程序后,可按程序申请解除账户监管。

(6) 不履行存储工资保证金义务的处罚规定

对施工企业未按照《条例》和《规定》依法存储、补足工资保证金,或未提供、更新银行保函的,应按照《条例》第五十五条规定追究其法律责任。对于情节严重的,可给予施工单位限制承接新工程、降低资质等级、吊销资质证书等处罚。

(7) 工资保证金的监管

施工总承包单位在银行自有账户内存储工资保证金,接受人社部门监管,相应资金除用于清偿欠薪外,不能用于其他用途,任何单位和个人不得擅自动用。

2.2.3 关于农民工工资支付的应对策略

为履行好农民工工资支付义务,发承包双方应按照《条例》《规定》要求,严格落实。

建设单位应严格按照规定要求,落实建设资金,依法订立合同并及时支付工程款项;督促施工总承包单位开设农民工工资专用账户,存储工资保证金,实名制用工,及时支付农民工工资。

施工总承包单位应要求建设单位提供工程款支付担保,按规定存储工资保证金,设立农民工工资专用账户,落实劳动合同制度,实名制用工。建立维权信息告示制度,提示农民工在工资被拖欠后的反映途径和注意事项。坚决杜绝转包、违法分包、挂靠等违法行为,确保工程质量和施工安全。

2.3 建筑工人实名制与税务处理

2.3.1 《建筑工人实名制管理办法(试行)》解读

为规范建筑市场秩序,加强建筑工人管理,维护建筑工人和建筑企业合法权益,保障工程质量和安全生产,住房和城乡建设部、人力资源和社会保障部联合印发了《建筑工人实名制管理办法(试行)》,已于 2019 年 3 月 1 日起正式施行。此文件规定,建筑企业所招用建筑工人的从业、培训、技能和权益保障等必须以真实身份信息认证方式进行管理。

2.3.1.1 各方职责或义务

(1) 建设单位的职责

建设单位应与建筑企业约定实施建筑工人实名制管理的相关内容,督促建筑企业落实建筑工人实名制管理的各项措施,为建筑企业实行建筑工人实名制管理创造条件。

(2) 建筑企业的职责

建筑企业应承担施工现场建筑工人实名制管理职责,制定本企业建筑工人实名制管理制度,配备专(兼)职建筑工人实名制管理人员,通过信息化手段将相关数据实时、准确、完整上传至相关部门的建筑工人实名制管理平台。

(3) 建筑工人的义务

建筑工人作为实名制的管理对象也承担相应的义务,主要包括三个方面:① 签约义务,即建筑工人进场作业前必须依法与招用企业签订劳动合同;② 配合管理义务,即建筑工人应配合有关部门和所在建筑企业实施实名制管理工作;③ 接受培训义务,即建筑工人应接受建筑企业安排的基本安全培训活动等。

2.3.1.2 实名制实施和管理

(1) 实名制管理的要求

建筑企业应与农民工先签订劳动合同后进场施工,并在相关建筑工人实名制管理平台上登记(含进入施工现场的建设单位、承包单位、监理单位的项目管理人员)。

建筑企业应对招用的建筑工人进行基本安全培训。已登记的建筑工人,1年以上(含1年)无数据更新的,再次从事建筑作业时,应重新进行基本安全培训,否则不得进入施工现场上岗作业。

(2) 实名制信息的内容

包含建筑工人和项目管理人员的身份证信息、文化程度、工种(专业)等基本信息,工作岗位、劳动合同签订、考勤、工资支付和从业记录等从业信息及诚信信息。

(3) 实名制信息的采集

总承包企业应以真实身份信息为基础,采集进入施工现场的建筑工人和项目管理人员的基本信息,并及时核实更新;真实记录建筑工人工作岗位、劳动合同签订情况、考勤、工资支付等从业信息,建立实名制管理台账;按实名制管理要求,及时将采集的信息上传相关部门。

(4) 实名制的考勤管理

建筑企业应配备实现建筑工人实名制管理所必需的硬件设施设备,施工现场原则上实施封闭式管理,设立进出场门禁系统,采用人脸、指纹、虹膜等生物识别技术进行电子打卡;对于不具备封闭式管理条件的工程项目,应采用移动定位、电子围栏等技术实施考勤管理。相关电子考勤和图像、影像等电子档案保存期限不少于2年。

2.3.1.3 实名制违规行为的处理

对于建筑企业及建筑工人个人的弄虚作假、漏报瞒报等违规行为,应给予下列处理。

① 予以纠正、限期整改,录入建筑工人实名制管理平台并及时上传相关部门。

② 拒不整改或整改不到位的,可通过曝光、核查企业资质等方式进行处理,存在工资拖欠的,可提高农民工工资保证金缴纳比例,并将相关不良行为记入企业或个人信用档案,通过全国建筑市场监管公共服务平台向社会公布。

2.3.1.4 对建筑企业的影响

① 建筑企业必须与建筑工人签订劳动合同,必须承担用人单位的全部法律责任,包括依法缴纳社会保险、签订无固定期限劳动合同、安排年休假、支付解除/终止劳动合同的经济补偿金等,建筑企业的施工成本将会大幅增加。

② 建筑企业需要配备专(兼)职建筑工人实名制管理人员,对建筑工人进行劳动合同签订、安全培训、实名制信息采集登记、考勤、工资支付等劳动用工管理,管理成本和难度也会加大。

③ 建筑工人的基本信息和从业信息均已录入实名制管理平台,建筑企业侵犯建筑工人合法劳动保障权益时,建筑工人举证和维权将变得相对容易。建筑工人实名制信息可作为有关部门处理建筑工人劳动纠纷的依据,建筑企

业必须严格履行主体责任。

2.3.2 农民工工资专户管理的税务处理

2.3.2.1 存在的税务风险

在农民工工资专用账户管理及银行代发制度下的涉税风险主要有以下两方面：①建筑企业总承包方与建设单位或业主之间的合同与发票开具不匹配，票款不一致，不可以抵扣增值税进项税和企业所得税；②建筑企业总承包方与用工主体（专用分包方或劳务公司）之间的合同与发票开具不匹配，票款不一致，不可以抵扣增值税进项税和企业所得税。

2.3.2.2 涉税风险管控策略

（1）涉税风险管控策略一：合同控税策略

① 建筑企业总承包方与建筑单位或业主签订总承包合同时，必须在总承包合同中约定以下两条涉税风险规避条款。

a. 在总承包合同中约定"农民工工资支付管理"条款。该条款约定以下内容：

第一，设立工资专用账户。

第二，办理工资卡。

第三，拨付人工费（工资款）及责任。

第四，委托银行代发农民工工资。

b. 在总承包合同中约定"发票开具"条款。该条款约定以下内容：

建筑总承包方向建设单位或业主开具增值税专用发票时，在发票"备注栏"打印"含建设单位向农民工工资专户拨付农民工工资×××元"，建设单位将银行盖章的拨付至施工总承包企业的农民工工资专用账户对应项目流水单交给建筑总承包方，建筑总承包方将该银行盖章的农民工工资拨付流水单与增值税发票存根联一同装订备查。

② 总承包企业与劳务分包企业或专业分包企业签订分包合同或者专业分包方与劳务公司签订分包合同时，必须在合同中约定以下两条涉税风险规避条款。

a. 总承包企业与劳务分包企业或专业分包企业签订分包合同或者专业分包方与劳务公司签订分包合同时，必须在合同中专门约定"农民工工资支付"条款。该条款必须明确以下几条：

第一,用工单位(专用分包人和劳务公司)的农民工工资实行建筑总承包方代发制度。

第二,劳务分包企业或专业分包企业负责为招用的农民工在建筑工地所在地建委指定的农民工工资专用账户的开户行申办银行个人工资账户并办理实名制工资支付银行卡,并负责将工资卡发放至农民工本人手中。

第三,劳务分包企业或专业分包企业指定的劳资专管员负责每月考核农民工工作量并编制工资支付表,经农民工本人签字确认后,将"农民工工时考勤表"和"农民工工资表"交劳务分包企业或专业分包企业负责人审核,审核无误并签字后交施工总承包单位,施工总承包单位委托银行通过其设立的农民工工资专用账户直接将工资划入农民工个人工资支付银行卡。

b. 在专业分包合同或劳务分包合同中约定"发票开具"条款。该条款约定以下内容:

第一,建筑专业分包企业或劳务公司向建筑总承包方或劳务公司向专业分包企业开具增值税专用发票时,在发票"备注栏"打印"含总包企业通过农民工工资专户代付农民工工资×××元",建筑总承包方将银行盖章的农民工工资发放流水单交给专业分包企业或劳务公司,专业分包企业或劳务公司将该银行盖章的农民工工资发放流水单与增值税发票存根联一同装订备查。

第二,专业分包方向建筑总承包方开具增值税发票或劳务公司向建筑专业分包方开具增值税发票时,必须在发票"备注栏"打印项目所在地的县市(区)和项目的名称。

(2) 涉税风险管控策略二:建立农民工工资涉税管理内控制度

第一,劳资专管员做实农民工工时考勤记录工作。施工企业必须在工程项目部配备一名劳资专管员,加强农民工的进场、出场登记管理,每月编制由劳资专管员和农民工本人签字的"农民工工时考勤记录表"。

第二,法务部门或合同管理部门每月核查"农民工工时考勤记录表"上姓名的真实性。建筑企业、劳务公司的法务部门或合同管理部门必须每月依照"劳动合同签订名单名册"上的农民工姓名对劳资专管员递交给法务部门或合同管理部门的"农民工工时考勤记录表"上的农民工姓名进行核对,确保名单的真实性。

第三,办理农民工工资卡。施工总承包企业负责在农民工工资专用账户的开户行为该项目所用农民工(含分包企业农民工,下同)免费办理工资卡,开通短信通知业务,交由农民工本人保管和使用;分包企业(包括承接施工总承包企业发包工程的专业企业、劳务企业,下同)应及时将所用农民工花名册报施工总承包企业。施工总承包企业负责农民工工资卡的补办、变更等事宜。

第四,收集每一位农民工本人签字的身份证复印件。劳资专管员必须收集每一位农民工的身份证复印件,并要求本人务必在其身份证复印件上签字确认。

第五,编制每月农民工工资表。施工企业和劳务公司的班组长或劳资专管员根据"农民工工时考勤记录表"编制每月"农民工工资表",作为工资发放的依据。

第六,财务部门每月核对"农民工工资表"上姓名的真实性。建筑企业或劳务公司的财务部门必须每月依照审核签字无误后的"农民工工时考勤记录表",将"农民工工时考勤记录表"上的农民工姓名、工作时间或工程量与"农民工工资表"进行核对,确保"农民工工资表"上的农民工姓名、工作时间或工作量的真实性。待财务部门负责人在审核后的"农民工工资表"的"核对人"栏签字后,交给财务部门负责人签字后,作为代发农民工工资的依据。

第七,在项目部公示工资表。用工主体(包括直接使用农民工的施工总承包企业和分包企业)按月考核农民工完成工作量,编制"农民工工资支付表",经由农民工本人签字确认后交施工总承包企业在建筑工地醒目位置予以公示,公示期不得少于5日。用工主体为分包企业的,由分包企业向施工总承包企业出具农民工工资代发委托书。

第八,建筑总承包企业出纳凭审核的"三张表"支付农民工工资。建筑总承包企业财务部门出纳凭每月审核后的"农民工工时考勤记录表""农民工工资表""劳动合同签订名单册",依法将工资打入农民工本人的工资卡。

农民工工时考勤记录表见表2-1,农民工工资支付表见表2-2。

表2-1 ___年___月农民工工时考勤记录表

姓名	身份证号码	工作时间(工作量)	所属班组名称	备注	签字

法定代表人签字: 合同管理部门签字: 班组长签字: 财务部门负责人签字:

表 2-2 ____年____月农民工工资支付表

项目名称： 填表单位： 填报人： 联系电话： 填报日期：

序号	姓名	身份证号码	工种	工资结算起止日期	月工资（元）	实发工资(元)	工资卡开户行	工资卡卡号	联系电话	签字	备注

班组长签字： 项目经理签字： 财务部门负责人签字： 法定代表人签字：

2.4 招投标税务问题及处理要略

招标实践中经常会遇到与增值税相关的税务问题，如果处理不当，会直接影响招标的公平性、公正性，还会增加招标采购成本。

2.4.1 可否要求投标人必须具备一般纳税人资格

(1) 现象

在招标实践过程中，一些招标人认为仅有一般纳税人开具的增值税发票才能实现销项税额抵扣进项税额，所以，要求投标人必须具备一般纳税人资格。

(2) 分析

根据《增值税暂行条例》第二十一条和《税务机关代开增值税专用发票管理办法(试行)》第二条、第五条、第六条相关规定，小规模纳税人不可以自行开具增值税专用发票，但是可以根据需要到国税局代开增值税专用发票。也就是说，无论是一般纳税人，还是小规模纳税人，都能提供增值税专用发票进行结算。

因此要求投标人必须具备一般纳税人资格，排斥小规模纳税人参与投标，涉嫌违反《中华人民共和国招标投标法实施条例》第三十二条关于"招标人不得以不合理的条件限制、排斥潜在投标人或者投标人"的规定。

2.4.2 可否要求投标人必须开具税率为13%的增值税发票

(1) 现象

在招标实践过程中，一些招标人认为只有能开具税率为13%增值税发票的单位，才能实现销项税额抵扣进项税额，所以，在招标文件中要求投标人结算时必须开具税率为13%的增值税发票。

（2）分析

根据我国现行增值税税收政策，按征税对象不同，一般纳税人增值税税率有四档，分别是13%、9%、6%和0%；小规模纳税人增值税征收率有三种，分别是5%、3%和1%。在招投标时，招标文件规定投标人必须开具税率为13%的增值税发票是不妥的。

2.4.3 招投标过程中计税方法选择

从招标方的角度看，在其他条件满足的前提下，哪个方案成本最低，哪个方案就是最优方案。但从价值链的另一端看，保证中标价格最大化又是投标方的目标，这样招投标双方将围绕价格展开博弈，当某一投标方的报价符合招标方的成本预期时，这个报价将成为中标价。

决策主体的计税方法不同，其决策指标的含义也不同。对于没有抵扣需求的非经营型招标方而言，将以投标方的含税报价作为决策指标，无须进行价税分离；对于有抵扣需求的经营性招标方而言，将以投标方的不含税报价作为决策指标。

增值税是价外税，不直接影响损益，但选择不同计税方法将会影响纳税人现金流出的结构，从而导致附加税费有所变化，也就是说，不同计税方法的报价对一般纳税人而言，还是会间接影响损益。

例：某房地产开发企业为一般纳税人，其开发的某项目不含税招标控制价为110 800万元，该项目适用一般计税方法计税，附加税费率为12%。参与投标的A建设公司和B建设公司均为一般纳税人，A建设公司按照简易计税方法含税报价为10 300万元，B建设公司按照一般计税方法计税含税报价为10 900万元，均未超过房地产开发公司的控制价，且不含税价均为10 000万元，房地产开发公司应当选择哪个中标？

解析：假定房地产开发公司本项目的总体销项税额为M万元，选择A建设公司，意味着其纳税现金流出为$(M-300)$万元；选择B建设公司，意味着其纳税现金流出为$(M-900)$万元。选择后者比前者节省纳税现金流出$(M-300)-(M-900)=600$万元，附加税费少交$600\times12\%=72$万元，利润增加72万元。

因此，对于有抵扣需求的经营型企业而言，在招标时，各投标方不含税价格不同时，选择不含税价格较低者；不含税价格相同时，选择按照一般计税方法计税。

第 3 章

建设工程造价与税收

3.1 工程造价基本内容

3.1.1 工程造价的定义

工程造价是指工程项目在建设期（预计或实际）支出的建设费用。

从投资者（业主）角度来看，工程造价是指建设一项工程预期开支或实际开支的全部固定资产投资费用。从市场交易角度分析，工程造价是指在工程发承包交易活动中形成的建筑安装工程费用或建设工程总费用。

3.1.2 工程计价的特征

由工程项目的特点所决定，工程计价具有以下特征。

（1）计价的单件性

建筑产品的单件性特点决定了每项工程都必须单独计算造价。

（2）计价的多次性

工程项目需要按程序进行策划决策和建设实施，工程计价也需要在不同阶段多次进行，以保证工程造价计算的准确性和控制的有效性。工程多次计价过程示意图如图3-1所示。

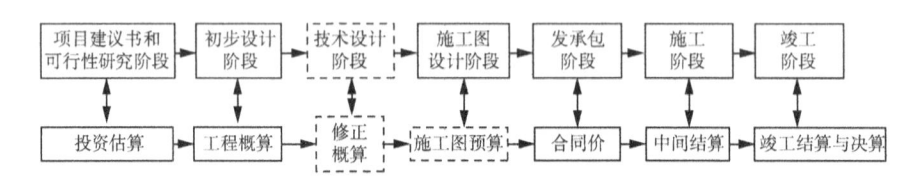

图 3-1 工程多次计价过程示意图

（3）计价的组合性

工程造价的计算与建设项目的组合性有关。一个建设项目是一个工程综合体，可按单项工程、单位工程、分部工程、分项工程等不同层次分解为许多有内在联系的组成部分。建设项目的组合性决定了工程计价的逐步组合过程。工程造价的组合过程是：分部分项工程造价、单位工程造价、单项工程造价、建设项目总造价。

（4）计价方法的多样性

工程项目的多次计价有其各不相同的计价依据，每次计价的精确度要求也各不相同，由此决定了计价方法的多样性。例如，投资估算方法有设备系数法、生产能力指数估算法等,概预算方法有单价法、实物法等。

(5) 计价依据的复杂性

工程造价的影响因素较多,决定了工程计价依据的复杂性。计价依据主要可分为以下七类:

① 设备和工程量计算依据。包括项目建议书、可行性研究报告、设计文件等。

② 人材机等实物消耗量计算依据。包括投资估算指标、概算定额、预算定额等。

③ 工程单价计算依据。包括人工单价、材料价格、材料运杂费、机械台班费等。

④ 设备单价计算依据。包括设备原价、设备运杂费、进口设备关税等。

⑤ 措施费、间接费和工程建设其他费用计算依据。主要是相关的费用定额和指标。

⑥ 政府规定的税、费。

⑦ 物价指数和工程造价指数。

3.2 工程计价程序

3.2.1 工程计价规则的变革

工程造价=税前工程造价×(1+9%)。9%为增值税率,税前工程造价=人工费+材料费+机械费+管理费+利润+规费+措施费。各费用项目均以不包含增值税可抵扣进项税额的价格计算,即全部以"裸价"计算。如果人工费、材料费、机械费等是含税价格,须剥离其中的税额。

价税分离的计价规则并不是没有计取进项税额,只是将进项税额从原税前含税工程造价中分离,合并到原应纳税额中,形成增值税销项税额。

3.2.1.1 增值税下有关要素价格

(1) 材料价格

材料价格包括材料供应价、运杂费、采购及保管费等,其中材料供应价、运杂费、采购及保管费均按增值税下不含进项税额的价格确定。

材料单价=[(材料原价+运杂费)×[1+运输损耗率(%)]]×[1+采购及保管费率(%)]。

材料单价调整方法如表 3-1 所示，32.5 级水泥单价调整方法示例如表 3-2所示。

表 3-1　材料单价调整方法

序号	组成内容	调整方法及适用税率
1	材料原价	以购进货物适用的税率(13%)或征收率(3%)扣减
2	运杂费	以接受交通运输业服务适用税率9%扣减
3	运输损耗费	运输过程所发生损耗增加费，以运输损耗率计算，随材料原价和运杂费扣减而扣减
4	采购及保管费	主要包括材料的采购、供应和保管部门工作人员工资、办公费、差旅交通费、固定资产使用费、工具用具使用费及材料仓库存储损耗费等。以费用水平(发生额)"营改增"前后无显著变化为前提，参照本方案现行企业管理费调整分析测定可扣除费用比例和扣减系数调整采购及保管费，费率一般适当调增

表 3-2　32.5 级水泥单价调整方法示例

材料名称	价格形式	单价(元)	原价(元)	运杂费(元)	运输费损耗(元)	采购及保管费(元)	平均税率
32.5级水泥	含税价格	319.48	285.93	25	1.55	7	(319.48－284.11)/284.11≈12.45%
	不含税价格	284.11	285.93/1.13≈253.04	25/1.09≈22.94	1.37	7×(70%+30%/1.13)≈6.76	

(2) 施工机械台班单价

施工机械台班单价＝台班折旧费＋台班大修费＋台班经常修理费＋台班安拆费及场外运输费＋台班人工费＋台班燃料动力费＋台班车船税费。

仪器仪表台班单价＝工程使用的仪器仪表摊销费＋维修费。其中台班折旧费、大修费、经常修理费及燃料动力费等均按增值税下不含进项税额的价格或费用确定。

施工机械台班单价调整方法及示例如表 3-3、表 3-4 所示。

表 3-3　施工机械台班单价调整方法

序号	施工机械台班单价	调整方法
1	机械台班单价	各组成内容按以下方法分别扣减，扣减平均税率小于租赁有形动产适用税率13%

续表

序号	施工机具台班单价	调整方法
1.1	台班折旧费	以购进货物适用的税率13%扣减
1.2	台班大修费	以接受修理修配劳务适用的税率13%扣减
1.3	台班经常修理费	考虑部分外修和购买零配件费用,以接受修理修配劳务和购进货物适用的税率13%扣减
1.4	台班安拆费	按自行安拆考虑,一般不予扣减
1.5	台班场外运输费	以接受交通运输业服务适用税率9%扣减
1.6	台班人工费	组成内容为工资总额,不予扣减
1.7	台班燃料动力费	以购进货物适用的相应税率或征收率扣减

表 3-4 施工机械台班单价调整方法示例

机械名称	价格形式	台班单价（元）	折旧费（元）	大修费（元）	经常修理费（元）	安拆费及场外运输费（元）	人工费（元）	燃料动力费（元）	平均税率
履带式液压单斗挖掘机 1 m³	含税价格	1 088	286	75	158	0	127	442	(1088−982.9)/982.9≈10.69%
	不含税价格	982.9	286/1.13≈253.10	75/1.13≈66.37	158×(30%+70%/1.13)≈145.28	0×(40%+60%/1.09)=0	127	442/1.13≈391.15	

（3）企业管理费及施工组织措施费

企业管理费及施工组织措施费均按增值税下不含进项税额的价格或费用确定。

（4）税金

增值税销项税额=税前工程造价×9%。

3.2.1.2 信息价格式

（1）材料价格信息调整内容

"营改增"后材料市场信息价发布内容调整为含进项税市场信息价（以下简称"含税信息价"）、不含进项税市场信息价（以下简称"除税信息价"）两个部分。

① 含税信息价。

含税信息价指由省市造价管理机构发布的、综合了材料自来源地运至工地仓库或指定堆放地点所发生的全部费用以及为组织采购、供应和保管材料过程中所需要的各项费用，包括含进项税额的供应价、运杂费和采购保管费。

含税信息价计算公式为

含税信息价＝含税供应价＋含税运杂费＋含税采购保管费

其中：

a. 含税供应价。含税供应价按市场实际供应价格水平取定，包含进货费、供销部门经营费和包装费等有关费用，不包含包装品押金，也不计减包装品残值。

b. 含税运杂费。含税运杂费指材料自来源地运至工地仓库或指定堆放地点所发生的全部费用，包括装卸费、运输费、运输损耗及其他附加费等费用。

c. 含税采购保管费。含税采购保管费指材料部门为组织采购、供应和保管材料过程中所需的各项费用，包括采购费、仓储费和工地保管、仓储损耗等费用。含税采购保管费费率标准为 1.5%。

含税采购保管费＝(含税供应价＋含税运杂费)×1.5%。

② 除税信息价。

a. 除税信息价是指按增值税下不含进项税额的价格，包括不含进项税额的材料供应价、运杂费和采购保管费。

b. 材料销售发票提供形式包括"一票制"和"两票制"。其中，"一票制"是指在企业购买材料或其他物资时，材料供应商就收取的材料或物资销售价款和运杂费合计金额向建筑业企业仅提供一张货物销售发票的形式。"两票制"是指在企业购买材料或其他物资时，材料供应商将材料或物资价款与运输费用分别单独开具发票的一种形式。

c. "营改增"后除税信息价计算公式简化为：除税信息价＝含税信息价/(1＋增值税税率)。

(2) 材料价格信息发布模式调整

材料价格信息发布表如表 3-5 所示。

表 3-5 材料价格信息发布表

代码	材料名称	型号	规格	单位	除税信息价	含税信息价	备注

3.2.2 增值税计税方式

增值税下,工程计价体系只能计算出销项税额,而进项税额是通过企业会计体系计得到的。应纳税额是把工程计价得到的"销项税"减去企业会计累积的"进项税",使工程计价体系(预算值)与企业会计体系(实际值)产生了关联。进项税是实际成本,在计价体系下是无法预先确定的,只有在实际施工过程中才能确定。

增值税下实行"价税分离"的计价规则,即在确定工程造价时,将利税前费用(指下列公式中的①、②、③、④、⑤项费用之和)以不含税价款计入工程造价,将税金以销项税额计入工程造价的定价机制。用公式表示如下

工程造价=①人工费(不含税)+②材料费(不含税)
　　　　+③施工机具使用费(不含税)+④企业管理费(不含税)
　　　　+⑤规费(不含税)+⑥利润+⑦销项税额

其中,销项税额=(①+②+③+④+⑤+⑥)×9%。

通过以上公式可以得出,改变计价规则后,工程造价税金的计算由应纳税额变成销项税额,而销项税额以销售额乘以增值税税率计算,用于开支未计入工程造价的进项税额和向税务部门缴税。建筑企业取得增值税扣税凭证多,则向税务部门缴税少;取得增值税扣税凭证少,则向税务部门缴税多,但两者之和(指应纳税额+进项税额)等于计取的税金——销项税额(销项税额=应纳税额+进项税额)。

例:某工程消耗钢筋100吨,钢筋含税单价为2 260元/吨,试计算税前造价和进项税。

钢筋除税单价=2 260/(1+13%)=2 000 元/吨。

除税金额=100×2 000=200 000 元。

进项税额=200 000×13%=26 000 元。

税前造价=226 000-26 000=200 000 元。

销项税额=税前造价×税率。

应纳税额=销项税额-进项税额=200 000×9%-26 000=-8 000 元。

销项税额少于进项税额可以下期继续抵扣。

3.2.3 增值税下工程计价应对策略

工程造价人员应充分了解增值税下工程造价计价规则,并制定应对之策。

3.2.3.1 规范增值税发票管理

"营改增"对企业税负的影响,取决于销项税额与进项税额之间的收支平衡,关键是可抵扣的进项税额的多寡,那么,尽量取得正规增值税专用发票显得尤为重要。

企业应加强进货渠道的进项管理和供应商筛选。建筑业成本主要由人工成本、材料成本、机械使用成本三部分构成,在供应商选择上应首选具有一般纳税人资格的,以取得增值税专用发票。

若某建材价格除税单价为 100 元,开票价格为 113 元,无票价格为 105 元。

无票价格:销售方无法提供增值税专用发票,以支付价款全额计入税前造价,无进项税额抵扣。

弃票价格:为取得较低的采购价放弃发票。

"无票"与"弃票"在营业税制下建筑企业获利,因为营业税制下以含税价 113 元计入税前造价,而实际支付 105 元。

"无票"与"弃票"在增值税制下建筑企业无法获利,因为弃票采购的价格不可能比税前价格 100 元更低。开票价格比无票价格略有利,因为开票价格中的进项税 13 元可抵扣,且有票可以做所得税前成本,如"无票"或"弃票"将影响成本计算,使得所得税前利润加大,企业多交企业所得税(一般按税前利润的 25% 计税),减少了企业净利润。

3.2.3.2 正确处理"甲供"与"专业分包"

在营业税时代,大宗材料"甲供"是双刃剑,并不一定有利于甲方或乙方,对甲乙双方都是利弊相当,因为不存在可抵扣进项税额的规定。

"营改增"后,谁采购进货,谁就能获得可抵扣的进项税额。大宗材料如果是甲供,建设单位可以享受抵扣此进项税,而承包商失去这部分利益。所以,以后承包合同对甲供必然成为博弈的焦点。

至于专业分包,其是建设单位的利益平衡,是建筑行业的通行做法,"营改增"后,因涉及进项税抵扣,专业分包这些潜规则将被改写,行业惯例也必将被打破。

3.2.3.3　合理处理无法抵扣项目

零星的人工成本和建筑企业员工的人工成本难以取得可抵扣的进项税。为获得进项税额抵扣,必须全部外包,且外包单位具备一般纳税人资格。

施工用的很多二三类材料(零星材料和初级材料如沙、石等),因供料渠道多为小规模企业、私营企业或个体户,通常只有普通发票甚至只能开具收据,难以取得可抵扣的增值税专用发票。在工程实践过程中应合理处理。

3.2.3.4　提高造价人员和财会人员能力

建筑企业若不熟悉增值税下的计税及计价规则,不打破思维定势,不及时调整投标策略,不根据新税制进行合约规划,不争取到更多的可抵扣进项税,不增强建筑企业的定价、报价和谈价能力,就会蚕食建筑企业本就微薄的利润。这些都对造价人员的工作提出了更高要求。

"营改增"后,账务处理流程的优化,涉税会计科目的增多,纳税申报的变化等,都加大了相关会计工作的难度,对会计工作提出了更高的要求。建筑施工企业应当加强对税收政策以及会计核算方面的培训与交流,提高财务会计人员的知识水平和业务素质,确保企业财务会计活动能够适应增值税改革的税务管理要求。

3.3　工程造价组成

在营业税下,工程造价的费用项目以含税价款计算,如图 3-2 所示。"营改增"后,增值税税率相比营业税税率 3% 大幅提高,按照现行计价规则计算,施工企业税负将提高,工程造价将增加。同时增值税进项税可以抵扣销项税,工程造价计算费用与实际不相符。在这种情况下,价税分离计价可适应税制变化的根本要求,工程造价的费用项目以除税价款计算,如图 3-3 所示。销项税额计价下工程造价图如图 3-4 所示。

例:某公路工程,其中人工费 65 万元,钢筋 169 万元,混凝土 142 万元,其他材料(无票)12 万元,机械费 7 万元。(费率:企业管理费按直接费的 8.01%,规费按人工费的 20.25%,利润按直接费、管理费和规费之和的 7%。为了计算方便,以上费率按"营改增"前后无变化考虑,城建税和教育费附加暂不考虑。)

营业税模式及增值税模式下造价计算表如表 3-6、表 3-7 所示。

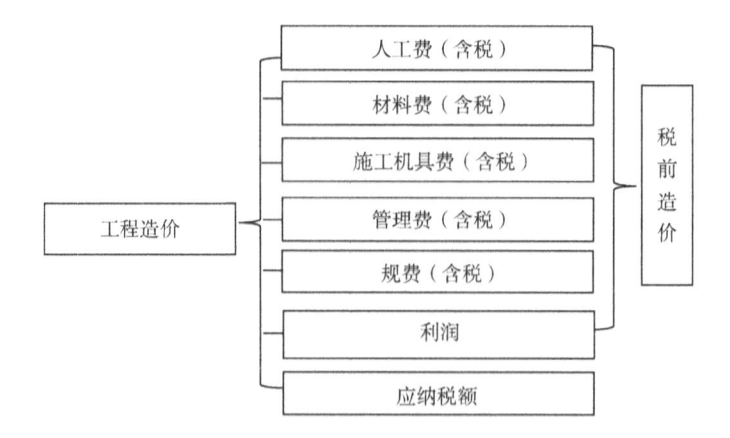

图 3-2　营业税下计税方式图

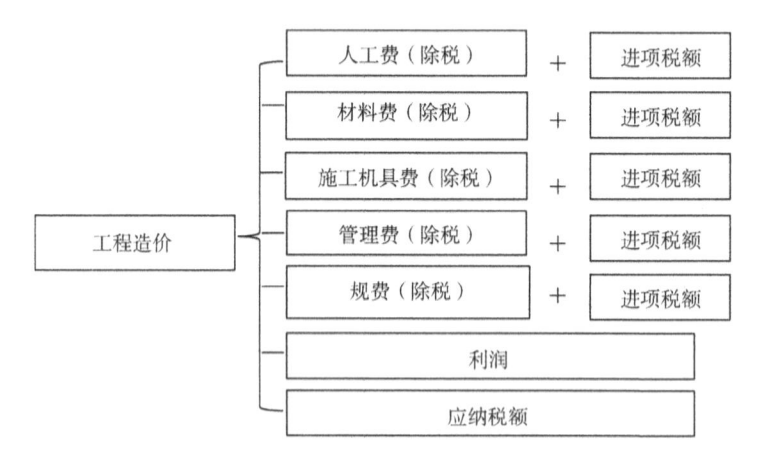

图 3-3　增值税下计税方式图

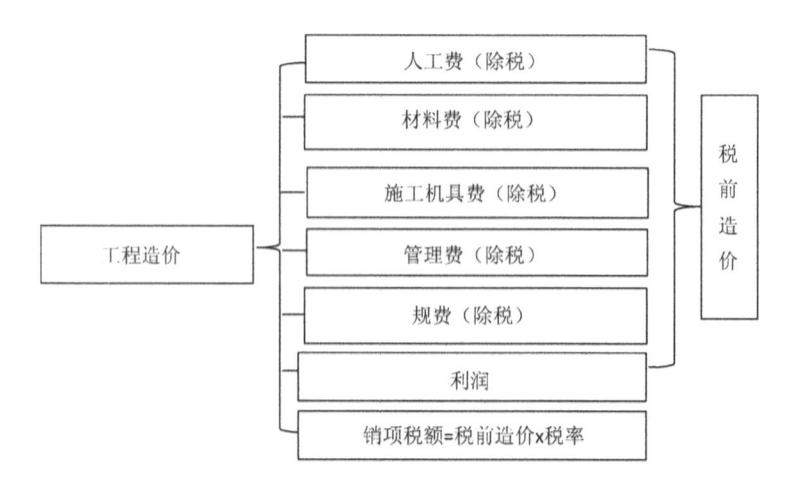

图 3-4　销项税额计价下工程造价图

第3章 建设工程造价与税收

表 3-6 营业税模式下造价计算表

序号	项目名称	计算过程	金额(万元)
一	人工费		65.00
二	材料费	1+2+3	323.00
1	钢筋		169.00
2	混凝土		142.00
3	其他(无票)		12.00
三	机械费		7.00
四	小计	一+二+三	395.00
五	企业管理费	(四)×8.01%	31.64
六	规费	(一)×20.25%	13.16
七	利润	(四+五+六)×7%	30.79
八	税前造价	四+五+六+七	470.59
九	应纳税额	(八)×3.48%	16.38
十	工程造价	八+九	486.97

表 3-7 增值税模式下造价计算表

序号	项目名称	计算过程	金额(万元)
一	人工费		65.00
二	材料费	1+2+3	290.06
1	钢筋	169/(1+13%)	149.56
2	混凝土	142/(1+3%)	137.86
3	其他(无票)	12×(1-3%)	11.64
三	机械费(按租赁一般纳税人)	7/(1+13%)	6.19
四	小计	一+二+三	361.25
五	企业管理费(暂不考虑进项税)	(四)×8.01%	28.94
六	规费	(一)×20.25%	13.16
七	利润	(四+五+六)×7%	28.23
八	税前造价	四+五+六+七	431.58
九	销项税	(八)×9%	38.84
十	工程造价	八+九	470.42
十一	进项税	(1)×13%+(2)×3%+(三)×13%	24.38
十二	应纳税额	(九)-(十一)	14.46

注：表 3-6、表 3-7 中计算结果采取四舍五入，保留到小数点后两位。

3.4 "营改增"后造价计价分析

3.4.1 "营改增"后招标控制价编制

运用"价税分离"计价规则,在招标工程量清单以及其他计价因素均不变的前提下,仅计价规则发生了变化,增值税下工程造价计价步骤如下。

3.4.1.1 确定计税方法

根据财税部门对建筑服务项目具体适用计税方法的规定,结合工程服务项目的类别及招标文件要求,准确选择适用一般计税方法或简易计税方法的计价规则。

3.4.1.2 组价和取费

根据招标工程量清单的项目特征描述,执行适用的预算定额子目及调整后取费费率标准,进行分部分项工程综合单价、措施项目等的准确组价,并计算汇总得到人工、材料(设备)、施工机具等单位工程汇总表。

3.4.1.3 询价和调价

根据价格信息,按照一般计税方法或简易计税方法,正确选择不含税信息价或者含税信息价,进行第一步换价处理;将第一步换价处理后的汇总表中缺少对应价格信息的材料、机械等要素的预算定额基期价格,通过市场询价以不含可抵扣进项税额的当期市场预算价格替换,进行第二步换价处理。如采取简易计税方法,市场询价应为含税价格。

3.4.1.4 计税与计价汇总

一般纳税人按9%增值税税率计算,小规模纳税人或简易计税项目按3%增值税税率计算,完成工程造价计算。不过需要注意的是,建筑施工企业一般规模较大,投资金额大,大部分企业是一般纳税人。

3.4.2 "营改增"后投标报价编制

3.4.2.1 确定计税方法

根据财税部门对工程服务项目具体适用计税方法的规定,结合工程服务项目的类别、投标人增值税纳税人身份类别和招标文件要求,准确选择适用一般计税方法或简易计税方法的计税规则。

3.4.2.2 算量和套定额(含取费)

工程量计算与营业税的计算过程一致。定额的套用与定额消耗量处理办法与营业税的计算过程一致。

3.4.2.3 询价和调价

与招标控制价编制的不同点:要素价格、费用和利润,完全由投标人根据市场价格水平、自身管理能力(包括材料设备采购渠道)和装备、周转材料等配置情况,自主报价;具体费率可参照调整后的费率和市场竞争费率水平进行同步调整。人工工日单价可参考造价信息、市场价计算,须按不含可抵扣增值税进项税的单价计入人工费。特别需要注意的是,在调整材料、机械差价时,须根据所选择的项目计税类型选择相应的含税或不含税信息价。

3.4.2.4 计税与计价汇总

一般纳税人按 9% 增值税税率计算,小规模纳税人按 3% 增值税税率计算,完成工程造价计算。不过建筑工程企业一般规模较大,投资金额大,大部分企业是一般纳税人。

3.5 增值税下全费用综合单价计算

3.5.1 "营改增"后《建设工程工程量清单计价规范》部分修订解读

住房和城乡建设部标准定额司在 2021 年 11 月 17 日发布了《关于征求〈建设工程工程量清单计价标准〉(征求意见稿)意见的函》。《建设工程工程量清单计价标准》(征求意见稿)是为了适应工程造价市场化发展,对 2013 年《建设工程工程量清单计价规范》进行的修订。目前,国际上建设工程通行的计价模式是全费用单价。在国家大力倡导人类命运共同体和"一带一路"背景下，我国建筑企业将逐步"走出去"并参与国际竞争，为此企业应适应国际规则，在建设工程计价模式方面采用与国际通行做法一致的全费用单价。

《建设工程工程量清单计价标准》（征求意见稿）主要修订内容如下。

① 由原来的强制性标准调整为推荐性标准：本次清单计价标准征求意见稿的标准编号由之前的 GB 变成了 GB/T，相当于改变了执行效力。也就是鼓励采用推荐性标准，是否采用该标准由使用单位自行决定。

② 删除了"工程造价鉴定""合同解除的价款与结算"等章节：本次清单计价标准征求意见稿中删除了 2013 清单计价规范中的第 12 章合同解除的价款结算与支付章节和第 13 章合同价款争议解决中的造价鉴定内容。

③ 调整了最高投标限价、投标报价的编制依据：本次清单计价标准为了贯彻取消预算定额，适应工程造价市场化，把定额从最高投标限价（招标控制价）、投标报价的编制依据中删除，修改为由市场询价、自主报价的工程计价方式。

④ 增加了"施工过程结算""工程量清单缺陷"等术语。

施工过程结算：发包人和承包人依据有关法律法规和合同约定，在过程结算节点上对已完工程进行合同价格的计算、调整、确认的活动。

工程量清单缺陷：招标工程量清单与对应招标时的设计文件（非招标工程为签约时的设计文件）之间出现的工程量清单缺漏项、项目特征不符以及工程量偏差。

⑤ 修改了计量计价风险：本次清单计价标准对 2013 清单计价规范中的计量计价风险进行了完善和修订，在内容上补充和完善了更多条款。

⑥ 修改了综合单价构成、单价合同与总价合同的计价规则以及合同价格的调整、支付、结算等内容。

3.5.2　增值税下全费用综合单价的构成

3.5.2.1　全费用综合单价的构成公式

"营改增"前，计价规范对综合单价的定义为不包含规费和税金的非全费用综合单价。"营改增"后，部分行业或者境外企业投资项目的工程造价采用全费用综合单价计价模式，全费用综合单价应该是包括工程造价全部构成要素的单价。

增值税下工程造价全费用综合单价＝人工费＋材料费＋施工机具使用费＋
企业管理费＋利润＋规费＋税金＝人工费＋材料费＋施工机具使用费＋
企业管理费＋利润＋规费＋应纳增值税＋应纳附加税

3.5.2.2 现行综合单价转化为全费用综合单价方法及步骤

将现行综合单价转换为全费用综合单价，就是按照现行综合单价的构成内容，依据增值税的计税要求，逐一计算对应分项工程的全费用构成内容，在原有综合单价的基础上增加规费和税金(应纳增值税及其附加税)，使其变为全费用综合单价。以某行业工程量清单计价相关规定为参考，具体做法可按照以下步骤进行。

第一，人工费、材料费、机械费、企业管理费、利润按原定额水平保持不变。

第二，新增规费，按照对应项目所用到的定额子目的定额人工费乘以相应的费率(清单计价定额及配套文件规定计取方法)计取，进入对应项目的全费用综合单价。

第三，新增税金，这里构成全费用的税金包含了应纳税额及其附加税额。分项工程应纳税额应等于对应分项工程的销项税额减去该项的进项税额；应纳税额再乘以附加税率，从而得到应纳附加税。在计算各分项可抵扣的进项税额时，就需要将各分项原单价的构成要素逐一进行分析抵扣。

① 人工费：不抵扣。

② 材料费：按照原综合单价中材料组成的品种或类型，逐一以对应的进项税率进行抵扣，求得进项税的金额和抵扣后剩余的材料费金额。

③ 机械费：按自有机械、租赁机械各占50%考虑，即机械费的50%按提供有形动产租赁服务适用税率13%进行抵扣。

④ 综合费：企业管理费与利润之和。将企业管理费与利润各占55%和45%进行分配。其中利润不抵扣，企业管理费以其费用的7%为基数进行进项税抵扣。

按照上述全费用综合单价转换的方法及步骤，可推导出全费用综合单价的计算公式。

全费用综合单价＝人工费＋材料费(不除税)＋机械费(不除税)＋
综合费(不除税)＋应纳增值税＋应纳附加税

下面以多孔砖墙为例进行增值税下全费用综合单价测算，具体如表3-8所示。

表 3-8　多孔砖墙全费用综合单价测算表　　　　单位：元

分部分项工程名称			多孔砖墙			
计税方式			营业税	增值税		
人工费	定额人工费		51.52			
	调增人工费		59.97			
	人工费合计		111.49			
材料费	材料1	干混砌筑砂浆 M5	84.79	进项税抵扣率	抵扣进项税	抵扣后材料费
				3%	2.47	82.32
	材料2	烧结多孔砖（KP1型）240×115×90	198.43	进项税抵扣率	抵扣进项税	抵扣后材料费
				3%	5.78	192.65
	材料3	标准砖	29.37	进项税抵扣率	抵扣进项税	抵扣后材料费
				3%	0.86	28.51
	材料4	其他材料费	0.32	进项税抵扣率	抵扣进项税	抵扣后材料费
				0%	0.00	0.32
	材料5	铁钉	0.04	进项税抵扣率	抵扣进项税	抵扣后材料费
				13%	0.01	0.03
	材料6	水	0.56	进项税抵扣率	抵扣进项税	抵扣后材料费
				3%	0.02	0.54
	材料费合计		313.51	—	9.14	304.37
施工机具使用费	施工机具使用费合计		0.26	机械费按租赁情况50%抵扣	抵扣进项税	抵扣后施工机具使用费
				13%	0.02	0.24
企业管理费、利润	企业管理费		8.54	7%作为进项税抵扣	抵扣进项税	抵扣后企业管理费
				13%	0.08	8.46
	利润		6.99	6.99		
	企业管理费、利润合计		15.53	15.45		
	规费		11.80	11.80		
不含增值税造价			443.09			
增值税销项税（税率9%）			39.88			
进项税抵扣合计			9.24			

续表

分部分项工程名称	多孔砖墙
应纳增值税	30.64
应纳附加税	3.68
全费用综合单价	477.41

3.5.3 基于全费用综合单价的工程造价

基于全费用综合单价的工程造价计算规则与原工程计价基本相同,工程造价形成的计价规则如下

$$分部分项工程费=工程量×全费用综合单价$$

$$单价措施项目费=工程量×全费用综合单价$$

$$总价措施项目费=计算基数×规定费率$$

$$其他项目费=暂列金额+暂估价+计日工+总承包服务费$$

全费用综合单价下的工程造价为

$$工程造价=分部分项工程费+措施项目费+其他项目费$$
$$=分部分项工程费+单价措施项目费+$$
$$总价措施项目费+其他项目费$$

基于全费用综合单价的工程造价计算如表3-9所示。

表3-9 基于全费用综合单价的工程造价计算

序号	项目		计算方法
1	分部分项工程费		工程量×综合单价（含规费税金）
2	措施项目费	单价措施项目费	
		总价措施项目费	费率或以项计费(含规费税金)
3	其他项目费		暂列金额、暂估价、总承包服务费等(含规费税金)
	工程造价		1+2+3

3.6 进项税的抵扣

3.6.1 进项税的抵扣项目

3.6.1.1 准予抵扣的进项税额凭证

根据《营业税改征增值税试点实施办法》第二十五条的规定,准予从销项税额中抵扣的进项税额凭证如表3-10所示。

表3-10 准予从销项税额中抵扣的进项税额凭证表

凭票认证抵扣:3项	凭票计算抵扣:1项
增值税专用发票(含机动车销售统一发票)	农产品销售发票 进项税额=买价×扣除率
海关进口增值税专用缴款书	
税收缴款凭证	

3.6.1.2 不得抵扣的进项税额项目

不得抵扣的进项税额项目如表3-11所示。

表3-11 不得抵扣的进项税额项目表

不得抵扣的项目	主要行为
纳税人身份	1. 小规模纳税人及一般纳税人从小规模纳税人处取得普通发票 2. 会计核算不健全 3. 未及时登记的一般纳税人
扣税凭证问题	1. 扣税凭证不符合法律法规规定 2. 票款不一致 3. 纳税人识别号不符以及代码、号码不符 4. 对开、虚开增值税专用发票 5. 错误或未及时认证的增值税专用发票
非正常损失	1. 管理不善造成货物被盗、丢失、霉烂变质 2. 违反法律法规造成货物或者不动产被依法没收、销毁、拆除

续表

不得抵扣的项目	主要行为
用于最终消费（负税人）	1. 用于集体福利或者个人消费的购进货物、加工修理修配劳务、服务、无形资产和不动产 2. 纳税人的个人交际应酬消费 3. 购进的旅客运输服务、贷款服务等服务 4. 纳税人接受贷款服务向贷款方支付的与该笔贷款直接相关的投融资顾问费、手续费、咨询费等费用
用于简易计征办法和免税项目	用于简易计税方法计税项目、免征增值税项目的购进货物、加工修理修配劳务、服务、无形资产和不动产
差额征税的，允许扣减的款项中的进项税额	1. 金融商品转让，以卖出价扣除买入价后的余额为销售额 2. 经纪代理服务，以取得的全部价款和价外费用，扣除向委托方收取并代为支付的政府性基金或者行政事业性收费后的余额为销售额 3. 融资租赁和融资性售后回租业务差额计征 4. 房地产开发企业中的一般纳税人销售其开发的房地产项目（选择简易计税方法的房地产老项目除外），以取得的全部价款和价外费用，扣除受让土地时向政府部门支付的土地价款后的余额为销售额

3.6.2 进项税抵扣的条件与逻辑

3.6.2.1 进项税抵扣的条件

进项税的抵扣要满足三个条件：一是取得抵扣凭证；二是在规定时间内抵扣；三是认证通过。

抵扣凭证包括：增值税专用发票、海关进口增值税专用缴款书、农产品收购发票或销售发票、解缴税款的完税凭证。解缴税款的完税凭证是指扣缴境外单位或个人的增值税时，自税务机关取得的完税凭证。抵扣凭证的开具时间必须在2016年5月1日及以后。

在规定时间内抵扣是指在开票之日起360天之内，认证通过后抵扣。如果超过360天，需要层报税务总局认证通过后抵扣。

认证通过是指在税局的增值税发票管理系统中，经过比对，确认发票及其载明的信息是真的，能保证开票方申报缴纳相应的销项税，才允许抵扣。

3.6.2.2 进项税抵扣的逻辑

进项税抵扣的逻辑如下。

（1）是否可以抵扣

取得可抵扣凭证后，首先确认是否可以抵扣。

（2）不能抵扣到能抵扣

取得抵扣凭证时不能抵扣，但是以后能抵扣。

（3）能抵扣到不能抵扣

取得抵扣凭证时能抵扣，并且已经抵扣，以后又不能抵扣。

（4）如何准确计算当期可以抵扣的进项税

每期申报时，需要做好以下三项工作：

一是确认当期取得的进项税能否抵扣。

二是检查是否有以往不能抵扣，但是本期又可以抵扣的进项税，如果有，进项税转入。

三是检查是否以往能抵扣并且已经抵扣，但是本期又不能抵扣的进项税，如果有，进项税转出。

3.6.3 甲供工程的管理

甲供工程，是指全部或部分设备、材料、动力由工程发包方自行采购的建筑工程。根据财税〔2016〕36号的规定，建筑单位针对"甲供材"工程，可以选择增值税一般计税方法，也可以选择简易计税方法。计税方法的选择会影响建筑施工企业的税负高低。为了节省税负，建筑施工企业在与发包方签订"甲供材"合同时，必须根据甲方自购建筑材料在整个工程中所占建筑材料的比重选择合适的增值税计税方法，否则将会增加甲方和乙方的增值税负。

3.6.3.1 "甲供材"中建筑企业增值税计税方式的选择分析

根据财税〔2016〕36号的相关规定，一般纳税人为甲供工程提供的建筑服务，可以选择适用简易计税方法计税。因此，建筑企业选择按一般计税方法计税，还是选择按简易计税方法计税的关键在于税负的临界点的计算。

建筑服务的适用税率为9%，而设备、材料、动力的适用税率一般是13%，据此可以大概计算出"甲供材"中建筑企业增值税计税方式选择的临界点。

假设"甲供材"合同中约定的工程价税合计（不含甲方购买的材料和设备）

为A,则"甲供材"中建筑企业选择一般计税方法和简易计税方法下的增值税计算如下。

（1）一般计税方法下的应缴增值税

应缴增值税＝$A×9\%/(1+9\%)$－建筑企业采购材料物质的进项税额＝$8.26\%×A$－建筑企业采购材料物质的进项税额。

（2）简易计税方法下的应缴增值税

应缴增值税＝$A×3\%/(1+3\%)=2.91\%×A$。

（3）两种方法下税负相同的临界点

根据$8.26\%×A$－建筑企业采购材料物质的进项税额＝$2.91\%×A$,推导出：建筑企业采购材料物质的进项税额＝$5.35\%×A$。

（4）一般情况下,建筑企业采购材料物质的适用税率是13%,于是推导出临界点

建筑企业采购材料物质的进项税额＝建筑企业采购材料物质价税合计×$13\%/(1+13\%)=5.35\%×A$。

（5）计算出临界点

建筑企业采购材料物质价税合计＝$46.5\%×A$。

（6）结论

"甲供材"模式下,建筑企业选择按一般计税方法或者简易计税方法的临界点参考值是：建筑企业采购材料物质价税合计＝$46.5\%×$"甲供材"合同中约定的工程价税合计。

具体是：①建筑企业采购材料物质价税合计＞$46.5\%×$"甲供材"合同中约定的工程价税合计时,选择一般计税方法较为有利；②建筑企业采购材料物质价税合计＜$46.5\%×$"甲供材"合同中约定的工程价税合计时,选择简易计税方法较为有利。

因此,建筑企业采购材料物质占整个工程造价的多少,或者说甲供材料占整个工程造价的多少,是选择计税方式的关键。

房地产开发公司的建设单位也可以采取相同的计算方法,得出相应的甲供材料的临界点。

3.6.3.2 案例分析

（1）案例1

某旅游企业委托某建筑公司承建一主题游乐场项目,工程总承包合同造

价为1 000万元,材料部分为600万元,其中"甲供材"为200万元;安装部分为400万元。建筑公司将其中100万元的机电安装工作分包给其子公司。假设购买材料均取得13%的增值税专用发票。

① 一般计税方法下的应缴增值税为:

应缴增值税=(1 000-200)/(1+9%)×9%-[(600-200)×13%/(1+9%)+100/(1+9%)×9%]≈66.06-(47.71+8.26)=10.09万元。

② 简易计税方法下的应缴增值税为:

应缴增值税=(1 000-200-100)/(1+3%)×3%≈20.39万元。

因此,建筑企业采购材料物质价税合计414.68万元[400/(1+9%)×(1+13%)]>46.5%×"甲供材"合同中约定的工程价税合计,即372万元(46.5%×800),选择一般计税方法计算增值税,比选择简易计税方法计算增值税节省10.3万元(20.39-10.09)。

(2) 案例2

某旅游企业委托某建筑公司承建一主题游乐场项目,工程总承包合同造价为1 000万元,材料部分为600万元,其中"甲供材"为500万元;安装部分为400万元。建筑公司将其中100万元的机电安装工作分包给其子公司。假设购买材料均取得13%的增值税专用发票。

① 一般计税方法下的应缴增值税为:

应缴增值税=(1 000-500)/(1+9%)×9%-[(600-500)/(1+9%)×13%+100/(1+9%)×9%]≈41.28-(11.93+8.26)=21.09万元。

② 简易计税方法下的应缴增值税为:

应缴增值税=(1 000-500-100)/(1+3%)×3%≈11.65万元。

因此,当建筑企业采购材料物质价税合计103.67万元[100/(1+9%)×(1+13%)]<46.5%×"甲供材"合同中约定的工程价税合计,即232.5万元(46.5%×500),选择简易计税方法计算增值税,比选择一般计税方法计算增值税节省9.44万元(21.09-11.65)。

3.6.3.3 建筑企业"甲供材"涉税风险控制的合同签订技巧

通过以上分析,"营改增"后,建筑企业与业主或发包方签订"甲供材"合同时,控制多缴纳税收的合同签订技巧如下。

① 当建筑企业选择一般计税方法计算增值税时,必须要争取在"甲供材"合同中建筑企业采购的材料物质价税合计>46.5%×"甲供材"合同中约定的

工程价税合计。

② 当建筑企业选择简易计税方法计算增值税时,必须要争取在"甲供材"合同中建筑企业采购的材料物质价税合计<46.5%×"甲供材"合同中约定的工程价税合计。

3.6.4 人工费用的处理

建筑用工主要有三种模式,即内部人工、劳务派遣和劳务分包。

3.6.4.1 内部人工

建筑施工企业的内部人工主要为内部工程队,是指企业内部正式职工经过企业培训考核合格成为队长,劳务人员原则上由队长招募,人员的住宿、饮食、交通等由企业统一管理,工资由企业监督队长发放或根据队长编制的工资发放表由企业直接发放。

项目部应与工程队签订工序作业承包书,并以工程建设期(或工序完成期)为限,招收零散劳务用工时,应与劳务人员签订劳动合同。工程队进场时,用工单位应检查验证劳务人员签订的劳动合同,未签劳动合同的不得进入施工现场从事劳务作业活动。

(1) 税务规定

《营业税改征增值税试点实施办法》第十条规定:销售服务、无形资产或者不动产,是指有偿提供服务、有偿转让无形资产或者不动产,但属于下列非经营活动的情形除外。

① 行政单位收取的同时满足以下条件的政府性基金或者行政事业性收费。

a. 由国务院或者财政部批准设立的政府性基金,由国务院或者省级人民政府及其财政、价格主管部门批准设立的行政事业性收费;

b. 收取时开具省级以上(含省级)财政部门监(印)制的财政票据;

c. 所收款项全额上缴财政。

② 单位或者个体工商户聘用的员工为本单位或者雇主提供取得工资的服务。

③ 单位或者个体工商户为聘用的员工提供服务。

④ 财政部和国家税务总局规定的其他情形。

由此可见,企业内部人员工资不属于增值税应税项目,不能作为进项税抵扣。

(2) 案例解析

A建筑施工企业6月1日与由本公司职工成立的内部工程队路基一队签订了劳务承包合同,由路基一队负责本项目路基段工程的劳务施工。6月30日经考核,路基一队发生人工费300 000元。

问题解析:A建筑施工企业将所承建的部分工程通过签订承包合同的形式交由本公司职工具体承包施工,该承包人自招工人,就形式而言,工程由承包人负责施工与管理,该承包人以公司的名义履行承包合同并与他人发生法律关系,故该承包合同属于内部承包合同。承包经营属企业内部经营管理方式的变化,不产生施工合同履行主体变更问题。该承包人招用工人行为应视为公司的行为,被招用的工人与公司之间存在劳动关系,与承包人之间则不存在劳务关系。所经内部人工不属于增值税应税项目,不能作为进项税抵扣。

3.6.4.2 劳务派遣

劳务派遣是指由劳务派遣机构与派遣劳工订立劳动合同,并支付报酬,把劳动者派向用工单位,再由其用工单位向派遣机构支付服务费的用工形式。劳动力给付的事实发生于派遣劳工与实际用工单位之间,实际用工单位向劳务派遣机构支付服务费,劳务派遣机构向劳动者支付劳动报酬。

(1) 税务规定

劳务派遣公司应当就收取的全部价款和价外费用开具服务业发票,并在发票中列明明细。其发票包含两个部分:一是劳务公司的代理报酬——代理服务费;二是代办费——派遣工的薪酬福利。施工企业可凭代理服务费部分的增值税税额进行进项税额抵扣。

劳务派遣的增值税税率为6%。

(2) 案例解析

A建筑施工企业6月1日与丙劳务派遣公司签订了劳务合同,约定聘请3名保安人员负责项目现场的安保问题,约定每月支付丙劳务公司服务费5 000元(不含税),同时支付保安人员工资10 000元/月。6月30日,施工企业收到丙劳务公司开具的增值税专用发票,上面注明工资社保10 000元,服务费5 000元,增值税税额300元,发票已通过认证。

问题解析:劳务派遣公司收取的服务费增值税税率为6%,服务费5 000元,项目应支付的增值税税额为300元。

3.6.4.3 劳务分包

劳务分包是指施工总承包单位、专业承包单位将其承揽工程中的建筑劳务作业发包给具有劳务分包资质的建筑劳务企业的活动。

劳务分包在实际操作中存在多种形式。根据劳务分包商资质的不同，劳务分包主要分为两类：具有建筑资质的劳务分包和具有建筑劳务资质的劳务分包。

(1) 税务规定

具有建筑业劳务分包资质的一般纳税人按照一般计税方法计算缴纳增值税，自行开具发票，税率为9%；小规模纳税人按照简易计税方法3%计算缴纳增值税，自行开具普通发票，由主管税务机关为其代开增值税专用发票。

(2) 案例解析

A建筑施工企业6月1日与具有建筑业劳务分包资质的甲劳务公司和乙劳务公司签订劳务分包合同(注：甲劳务公司为增值税一般纳税人，乙劳务公司为增值税小规模纳税人)，分别负责隧道及桥梁段的劳务施工，并在合同中注明，要求甲、乙劳务公司结算时开具增值税专用发票。6月30日工程计划部门出具的验工计价单金额为甲劳务公司劳务费500 000元，乙劳务公司劳务费200 000元，分别取得甲开具的增值税专用发票，乙公司申请税务机关代开的税率为3%的增值税专用发票，发票已经认证通过。

问题解析：甲劳务公司为增值税一般纳税人，其适用税率为9%，故甲劳务公司的增值税税额为500 000×9%＝45 000元。乙劳务公司虽为小规模纳税人，适用的增值税税率为3%，但可以向主管税务机关申请代开增值税专用发票。本例中乙劳务公司提供了由税务机关代开的增值税专用发票，故乙劳务公司的增值税税额为200 000×3%＝6 000元。

3.6.5 预收款、进度款的纳税义务发生时间

预收款是纳税人提供建筑服务之前收到的款项，进度款是纳税人提供建筑服务过程中或完成后收到的款项，预收款和进度款共同构成了工程总造价。

预收款的主要用途是缓解建筑业企业施工生产过程中的资金压力，在实践中，业主扣还的金额总是小于或等于建筑业企业已完成的工程量，否则将导致建筑业企业倒欠业主款项。

(1) 进度款纳税义务发生时间

根据《营业税改征增值税试点实施办法》第四十五条的规定,纳税人提供建筑服务进度款的纳税义务发生时间如图 3-5 所示。

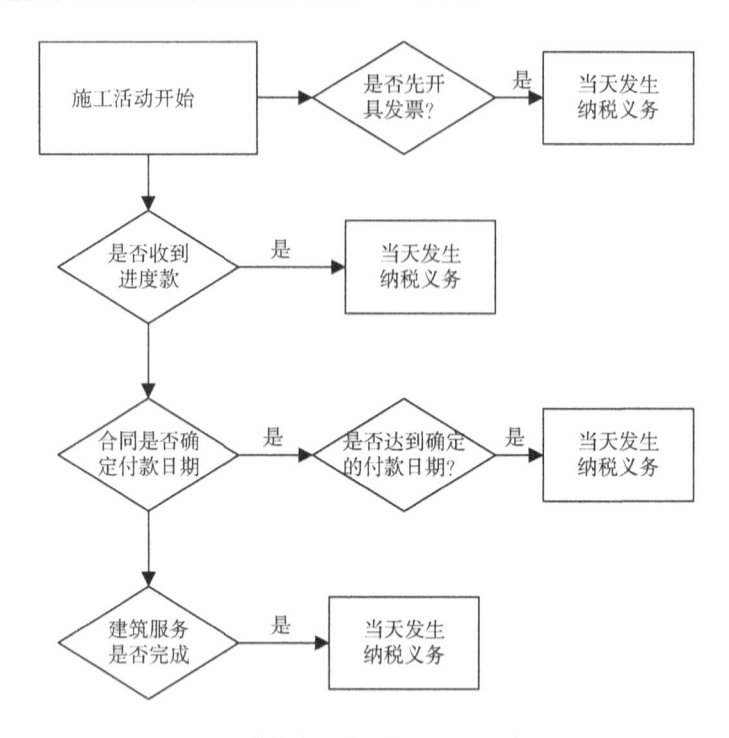

图 3-5 建筑服务进度款的纳税义务发生时间

在进度款纳税义务发生时间的四种情形中,先开具发票即发生纳税义务,以及未签订书面合同或者书面合同未确定付款日期建筑服务完成发生纳税义务,属于两种特殊情况。

(2) 预收款纳税义务发生时间

预收款同类型事项的纳税义务发生时间可以直接套用进度款的规定。

① 收到预收款,工程项目开工后,纳税人向业主开具带税率或征收率的预收款发票的,开票之日就开票金额发生纳税义务。

② 提供建筑服务过程中业主没有扣还预收款,书面合同也没有约定预收款扣还条款的,工程竣工之日,纳税人就收到的全部预收款金额发生纳税义务。

除上述两种情形之外,预收款的纳税义务发生时间可以间接借鉴进度款的规定。

间接借鉴的意思是,收到进度款的当天,对应于业主扣还预收款的当天;

达到合同确定的支付进度款的当天,对应于达到合同确定的扣还预收款的当天。也就是说:

① 业主实际扣还预收款的当天,纳税人就业主扣还的预收款的金额发生纳税义务。

② 业主虽未实际扣款,但书面合同确定扣款日期的,书面合同确定的扣款日期当天,纳税人就确定的应扣款金额发生纳税义务。

纳税人提供建筑服务预收款的纳税义务发生时间如图3-6所示。

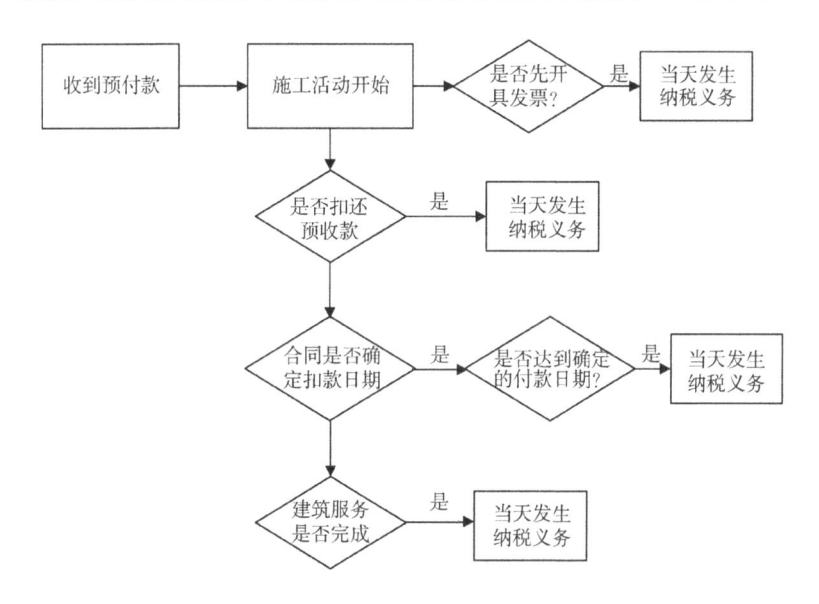

图 3-6 建筑服务预收款的纳税义务发生时间

3.6.6　增值税"进项税额"的管理措施

3.6.6.1　取得发票与采购定价的策略

实行增值税以后,企业按照年销售额的多少被区分为增值税一般纳税人和增值税小规模纳税人。不同资格的纳税人采用不同的计税方法计税,加之我国不同业务采用不同的税率,使得不同的纳税人提供的增值税发票所含的增值额各不相同。比如,从一般纳税人企业购买材料,取得的增值税发票是按照13%计算增值税额的;接受一般纳税人企业提供的运输服务,取得的增值税专用发票是按照9%计算增值税额的;而从小规模纳税人企业进行采购,一般只能获得3%简易计征的增值税发票。

对于采购方来说,从不同的企业采购所取得的增值税专用发票是不一样的,得到的进项税额也不一样,进而企业的增值税、城市维护建设税及教育费附加、采购成本、所得税费用也不一样,最终企业的利润也不一样。因此,在采购环节,各单位必须要区分供应商是一般纳税人还是小规模纳税人,能否提供增值税专用发票,能提供何种税率的增值税专用发票,进而提出企业的采购价格条件,制定合适的采购策略,才能保证采购方利润的平衡。

3.6.6.2 进项税额抵扣必须要取得合格的票据

纳税人取得的增值税扣税凭证不符合法律、行政法规或者国家税务总局有关规定的,其进项税额不得从销项税额中抵扣。也就是说,必须要取得合格的票据,相应的增值税进项税额才有可能得到抵扣。

增值税扣税凭证是指增值税专用发票、海关进口增值税专用缴款书、农产品收购发票、农产品销售发票和完税凭证。凭证是基础,合规更重要。

(1) 增值税专用发票

这里所说的增值税专用发票目前包括常规的增值税专用发票、税控机动车销售统一发票和于2016年7月1日起停止使用的货物运输业增值税专用发票。

增值税专用发票一定要按照规定开具(项目齐全,与实际交易相符,字迹清楚,不得压线、错格,发票联和抵扣联加盖发票专用章),且在开具之日起360日内认证才属于合规的抵扣凭证。增值税专用发票抵扣凭证样图如图3-7所示。

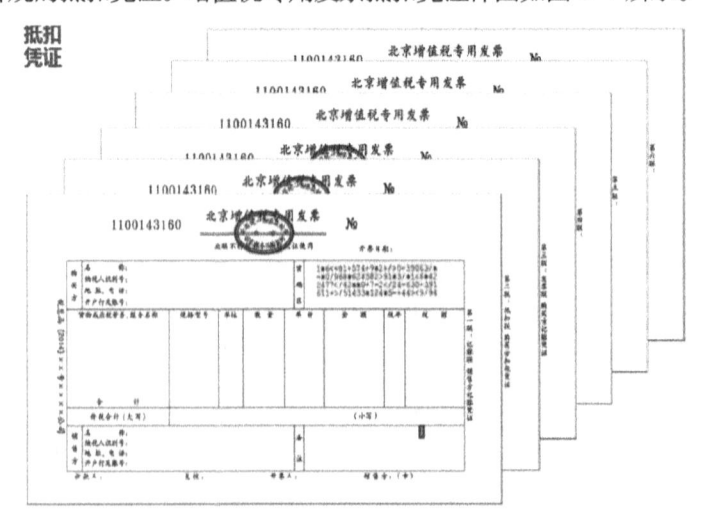

图 3-7 增值税专用发票抵扣凭证样图

(2) 海关进口增值税专用缴款书

海关进口增值税专用缴款书自开具之日起 360 天内向主管税务机关报送《海关完税凭证抵扣清单》(电子数据),申请稽核比对,才属于合规的抵扣凭证。委托代理进口的,对代理进口单位和委托进口单位只准予其中取得专用缴款书原件的单位抵扣。海关进口增值税专用缴款书样图如图 3-8 所示。

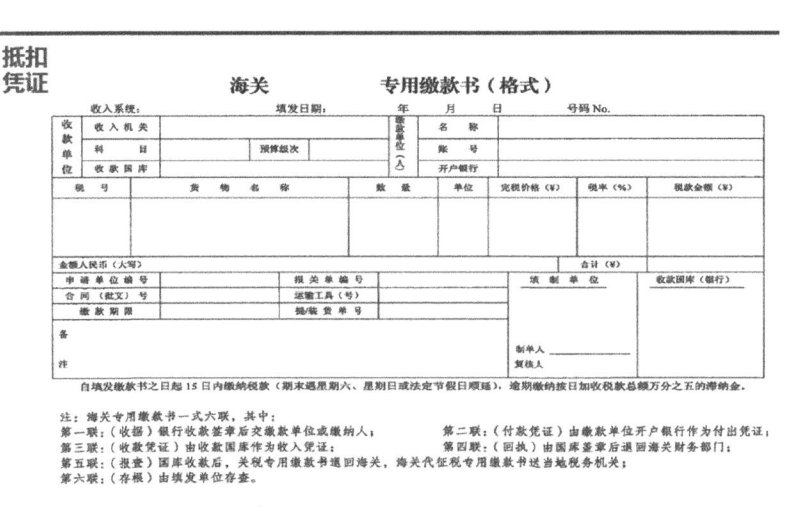

图 3-8 海关进口增值税专用缴款书样图

(3) 农产品收购发票和销售发票

农产品收购发票是收购单位向农业生产者个人收购自产免税农业产品时开具的发票,是一种由付款方向收款方开具的发票,与一般的发票有所不同。农产品销售发票是指农产品生产企业开具或者从事批发、零售的小规模纳税人销售农产品依照 3% 征收率按简易办法计算缴纳增值税而自行开具或委托税务机关代开的普通发票。

这两种发票与其他抵扣凭证的不同点是,按照票面农产品买价和 13% 的扣除率计算抵扣进项税,而不是按照票面的增值税额抵扣。对于"从事批发、零售的小规模纳税人已经缴纳增值税后开具的普通发票"需要注意,如果销售方享受了免税,则购买方不能抵扣进项税;如果取得的是增值税专用发票,则只能按照票面注明的增值税额抵扣,而不适用计算抵扣。

已经按照《农产品增值税进项税额核定扣除试点实施办法》抵扣进项税额企业(试点行业)不能按照上述办法计算抵扣。

农产品收购发票和销售发票样图如图 3-9 所示。

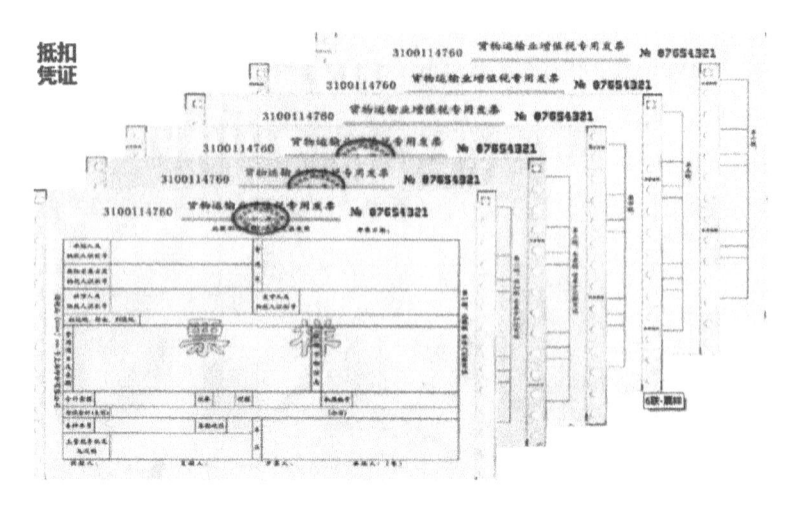

图 3-9　农产品收购发票和销售发票样图

（4）完税凭证

以前称为"税收缴款凭证"，通常指的是从境外单位或者个人购进服务、无形资产或者不动产，自税务机关或者扣缴义务人取得的解缴税款的完税凭证，如图 3-10 所示。纳税人凭完税凭证抵扣进项税额的，应当具备书面合同、付款证明和境外单位的对账单或者发票。资料不全的，其进项税额不得从销项税额中抵扣。

图 3-10　完税凭证图

3.6.6.3　增值税专用发票必须经过认证才允许抵扣

按照规定,增值税一般纳税人取得的增值税专用发票应自开具之日起 360 日内认证,并在认证通过的次月申报期内,向主管税务机关申报抵扣进项税额。未及时认证和申报抵扣的发票,将不得抵扣该发票进项税额。这要求各单位必须加强采购票据的管理,确保专用发票能够得到及时认证。取得增值税发票的单位和个人可登录全国增值税发票查验平台(https//inv-veri.china-tax.gov.cn),对新系统开具的增值税专用发票、增值税普通发票、机动车销售统一发票和增值税电子普通发票的发票信息进行查验。

3.6.6.4　避免虚开的增值税专用发票

虚开增值税专用发票是指有为他人虚开、为自己虚开、让他人为自己虚开、介绍他人虚开增值税专用发票行为之一的。国税总局已经和银行合作并升级了监控系统(金四),可以 360 度无死角监控公司的所有账户,因此,企业要规范增值税管理,避免虚开。

3.6.6.5　规范纳税工程基础性工作

一般纳税人会计核算不健全,或者不能够提供准确税务资料的,应当申请办理一般纳税人资格认定而未申请的,不得抵扣进项税额,也不得使用进项税专用发票。

纳税人资料不齐全的,其进项税额不得从销项税额中抵扣。

根据《国家税务总局关于纳税人对外开具增值税专用发票有关问题的公告》(国家税务总局公告 2014 年第 39 号),需要满足下述三个条件方可抵扣进项税额。

① 纳税人向受票方纳税人销售了货物,或者提供了增值税应税劳务、应税服务(业务流)。

② 纳税人向受票方纳税人收取了所销售货物、所提供应税劳务或者应税服务的款项,或者取得了索取销售款项的凭据(资金流)。

③ 纳税人按规定向受票方纳税人开具的增值税专用发票相关内容,与所销售货物、所提供应税劳务或者应税服务相符,且该增值税专用发票是纳税人合法取得,并以自己的名义开具的(发票流)。

受票方纳税人取得的符合上述情形即资金流、发票流、合同主体一致"三流合一"的增值税专用发票,可以作为增值税扣税凭证抵扣进项税额。

公司所属各法人单位应建立、健全并落实内部管理制度,加强基础管理工作,为增值税的纳税管理奠定基础。

第 4 章

增值税税务平衡与税务筹划

4.1 税务筹划概述

4.1.1 税务筹划的概念

税务筹划是纳税人利用税法的政策导向性,采取合法手段减少应纳税款的行为。

4.1.2 税务筹划的特点

税务筹划具有事先性、协作性、风险性和时效性的特点。

(1) 事先性

事先性是指企业在开展投资、经营活动之前,应充分考虑税收因素来进行规划、设计和安排。因为纳税义务具有滞后性,即在交易行为发生之后才形成纳税义务,一旦发生便无法再进行筹划,所以须事先筹划。

(2) 协作性

协作性是指企业中复杂的税务筹划涉及的经营活动往往关系到生产、经营、投资、营销等各个环节,不是某个人或者某个部门单独操作能够完成的,需要各个部门积极配合、通力协作才能顺利实施。

(3) 风险性

风险性是指在纳税人进行税务筹划时,因各种不确定因素的存在,筹划收益偏离纳税人预期结果的可能性和筹划结果的不确定性。

(4) 时效性

时效性是指我国的税收政策是不断改革向前的,企业应认真研读最新政策,根据自身实际,抓住机遇,充分利用好税收优惠政策,及时调整和更正税务筹划方案。

4.1.3 税务筹划的意义

一是降低税负。纳税人在不违反法律法规的前提下,利用政策上的优惠、地域上的差异、时间上的递延达到税额上的减免,最终提高税后利润。

二是控制风险。税务系统利用互联网技术可以轻松掌握企业自成立以来的所有涉税业务信息,企业面临的税务监管更加严格,被稽查的风险增大,企业应该更加重视税务筹划,降低涉税风险。例如,"营改增"后出现几次增值税税率调整,如企业在签订合同时没有考虑到税率变化,未提前做好规划,很可能会带来合同执行风险。

三是完善制度。政府实施各行业的税收优惠政策,调整行业的整体税负,以此来刺激和调控行业的发展。税收政策不断调整完善,企业也随之调整自己的税务策略,一方面是纳税人对国家政策调整的反馈,另一方面也是税务部门改进的依据,税务部门根据纳税人的筹划行为,找出税收政策和征管过程中不合理、不完善的地方,进而修改、调整、补充。因此,企业的税务筹划活动对国家税制建设起到了一定的促进作用。

4.1.4 税务筹划的原则

企业日常经营活动中涉及纳税事项多,实施税务筹划必须遵循相应的原则,主要包括合法原则、经济原则、财务利益最大化原则和适时调整原则四个方面。

（1）合法原则

在税务筹划中,必须严格坚持合法性,任何违反法律法规的方法和手段都不属于税务筹划的范畴。企业只有认真学习法律法规,履行其义务、享有其权利才能符合法律的要求。

（2）经济原则

税务筹划可以使纳税人获得利益,但无论由自己内部筹划,还是由外部筹划,都要耗费一定的人力、物力和财力,比如企业税务筹划,不论是在企业内设立专门部门,还是聘请外部专业税务筹划顾问,都要发生额外费用。税务筹划要尽量使筹划成本费用降到最低,使筹划效益达到最大。

（3）财务利益最大化原则

税务筹划最主要的目的是使企业的财务利益最大化,企业应该在降低税负的同时考虑使其综合经济利益最大化,不能只局限于当前的财务利益,还要着眼于长远的财务利益。此外,企业还要力争在所得增加的同时资本能够得到增值。

（4）适时调整原则

企业应该根据税收政策及时调整、更新税务筹划方案。市场环境瞬息万变,企业应根据对市场发展状况的分析,及时调整经营策略与战略目标,改变税务筹划方案。

4.1.5 税务筹划的方法

4.1.5.1 从税务角度进行税务筹划

税务筹划必须以符合法律法规为前提，通过缩小税基的方式来减轻税收负担。税基是计税的依据，在适用税率一定时，税额与税基呈正向变化关系，即税基越大，纳税人的税负越重，税基越小，纳税人的税负越轻。对于增值税来说，企业可以通过对销售活动和采购活动进行筹划，尽量减少销项或者增加进项来减少税基，从而减少应纳税额或者避免多缴税。

4.1.5.2 从税率角度进行税务筹划

从税率角度进行税务筹划是通过降低适用税率的方式来减轻税收负担。此方法的运用前提是存在税率差异和选择的机会，在计税依据一定时，税额大小与税率高低成正比，降低税率能够减轻纳税人税收负担。在实际工作中，企业应该准确把握税法要求，根据自身规模、经营状况以及日常业务涉税事项等方面因素选择适合自身的税率，从而达到少缴税款的目的。

4.1.5.3 从纳税时间角度进行税务筹划

从纳税时间角度进行税务筹划是在应纳税额不变的情况下，延缓缴纳税款的时间。在一般情况下，延期纳税等于取得了资金的货币时间价值，企业一方面可以节约资金成本，增加现金流量，另一方面可以再将这部分资金进行投资，从而实现资金的再增值。

4.1.5.4 利用税收优惠政策进行税务筹划

税收优惠政策是指税法对某些行业和税收对象给予优惠照顾的一种特殊规定，或是某些地方政府为了当地经济发展，给予该地区内企业某些优惠条件。针对建筑行业的特点，税法对建筑企业也给予了特殊的优惠政策，因此利用税收优惠政策是建筑企业常用的筹划方法之一。

4.1.6 税务筹划的程序

税务筹划的基本程序如下：
① 了解纳税企业的具体情况，包括企业组织架构、业务模式、财务情况、

投资意向、对风险的态度、纳税历史情况等。

② 了解纳税企业行业背景、相关的税收政策、征管方式等。

③ 确定税务筹划的目标,设计方案,进行可行性研究、应纳税额的计算、各因素敏感性分析,最后根据分析结果,完成至少三个完整方案。

④ 给备选方案排序,一方面要满足税收收益最大化的要求,另一方面也要考虑方案实施的隐含成本和风险,尤其是可能带来的被税务部门稽查的风险。

⑤ 确定最佳方案。要根据税收政策的变化,对偏离计划的情况予以纠正,跟踪修正税务筹划方案,以最大限度地确保税务筹划的预期收益。

4.2 增值税税务平衡

4.2.1 纳税人身份筹划

我国增值税的纳税人分为两类:一般纳税人和小规模纳税人。

对一般纳税人实行凭增值税专用发票抵扣税款的制度,对其会计核算水平要求较高,管理也较为严格;对小规模纳税人实行简易征收办法,对纳税人的管理水平要求相对不高。在一定情况下,小规模纳税人可以向一般纳税人转化,这就为具备相关条件的小规模纳税人提供了税务筹划的空间。一般纳税人和小规模纳税人的区别如表 4-1 所示。

表 4-1 一般纳税人和小规模纳税人的区别

项目	一般纳税人	小规模纳税人
标准	年销售额>500 万元	年销售额≤500 万元
	健全的会计核算	会计核算水平要求不高
计税方式	一般计税,特殊情况下可以简易计税	简易计税
税率	适用 13%、9%、6%、0% 这 4 档税率,特殊情况下适用 5%、3%征收率	适用 5%、3%征收率
发票使用	购进货物对方可以开具专票	购进货物对方一般不开具专票
应纳税额	销项税额—进项税额	应税销售额×征收率
申报期	月度申报	按季申报

企业为了减轻增值税税负,就需要综合考虑各种因素,从而决定如何在一般纳税人和小规模纳税人之间做出选择。一般来讲,企业可以根据三个标准

来判断一般纳税人和小规模纳税人之间增值税税收负担的差异。

(1) 增值率判别法

增值率是增值额占不含税销售额的比例。假设某企业 2020 年度不含税销售额为 M，不含税购进额为 N，增值率为 A。如果该企业为一般纳税人，其应纳增值税为 $M \times 13\% - N \times 13\%$；引入增值率计算，则为 $M \times A \times 13\%$；如果是小规模纳税人，应纳增值税为 $M \times 3\%$。令两类纳税人的税负相等，则有

$$M \times A \times 13\% = M \times 3\%$$
$$A \approx 23.08\%$$

也就是说，当增值率为 23.08% 时，企业无论是选择成为一般纳税人还是小规模纳税人，增值税的税收负担都是相等的；当增值率小于 23.08% 时，企业作为一般纳税人的税负轻于作为小规模纳税人的税负；当增值率大于 23.08% 时，企业作为一般纳税人的税负重于作为小规模纳税人的税负。

需要指出的是，这里所考虑的仅仅是企业的增值税税收负担，而不包括其他因素。因此，在决定是选择一般纳税人还是小规模纳税人身份时，不能仅仅以增值率为标准，还要考虑企业对外经济活动的难易程度以及一般纳税人的会计成本等。由于后者难以量化，税务筹划更多地体现了一种创造性的智力活动，而不是一个简单的计算问题或者数字操作问题。

(2) 购货额占销售额比重判别法

由于增值税税率和征收率存在多种税率，这里仅仅考虑一般情况，其他情况的计算方法与这里的计算方法是一致的。在一般情况下，一般纳税人适用 13% 的税率，小规模纳税人适用 3% 的税率。假设某工业企业不含税销售额为 A，购货额占销售额的比重为 X，则购入货物的金额为 AX。如果该企业为一般纳税人，应纳增值税为 $A \times 13\% - AX \times 13\%$；如果是小规模纳税人，应纳增值税为 $A \times 3\%$。令两类纳税人的税负相等，则有

$$A \times 13\% - AX \times 13\% = A \times 3\%$$
$$X \approx 76.92\%$$

也就是说，当企业购货额占销售额的比重为 76.92% 时，两种纳税人的增值税税收负担相同；当比重大于 76.92% 时，一般纳税人的增值税税收负担轻于小规模纳税人；当比重小于 76.92% 时，一般纳税人的增值税税收负担重于小规模纳税人。

(3) 含税销售额与含税购货额比较法

假设 Y 为含增值税的销售额，X 为含增值税的购货额，且两者均为同期。令两类纳税人的税负相等，则有

$$(Y/1.13 - X/1.13) \times 13\% = Y/1.03 \times 3\%$$
$$X/Y \approx 74.68\%$$

可见，当企业的含税购货额为同期销售额的 74.68% 时，两种纳税人的增值税税收负担相同；当企业的含税购货额大于同期销售额的 74.68% 时，一般纳税人增值税税收负担轻于小规模纳税人；当企业含税购货额小于同期销售额的 74.68% 时，一般纳税人增值税税收负担重于小规模纳税人。

企业在设立时可根据上述三个标准来判断自身所负担的增值税，并根据对各种因素的综合考量进行合理的税务筹划。

4.2.2 "营改增"对税务筹划的影响

(1) 建筑企业跨区域经营需要预缴税款

根据税法的相关规定，建筑企业跨地区提供建筑服务的，应向建筑服务发生地的国税部门预缴增值税，并以预缴税额为计税依据，计算应预缴的附加税，然后向建筑企业所在地进行申报纳税。对于建筑企业来说，其普遍存在跨区经营的情况。预缴方式、预缴时间、税额计算方式、发票开具、纳税申报等问题，新旧政策以及两地税务机关对于项目核算方式的不同要求等都是在实际操作过程中企业应重点关注的方面。

(2) 建筑工程分包业务差额征收

分包业务是建筑企业的常规操作，是项目管理的重要部分，也是利润管控的重要环节。我国税法规定，建筑企业支付的分包款，允许从项目价款扣除后计税，也就是差额征收，但不是建筑企业的所有业务都适用，仅仅指建筑工程，而其他工程作业如安装、修缮、装饰是不包含在内的，也就是说只有建筑工程的分包业务可以采用差额征收。分包业务在建筑企业是常见事项，因此差额征收也就成为建筑企业经常面对的纳税事项，但差额征收涉及发票开具、预缴税款、纳税申报等具体操作，以及发包方与分包方的具体会计处理，这些都是企业面临的实际问题。

(3) 建筑企业涉及 3% 征收率情况

征收率是针对部分纳税人的实际情况所采取的简化计税方法，既保证了

国家的财政收入,又简化了纳税人的征税手续。我国税法详细规定了建筑企业适用征收率的具体情况,合理地利用征收率可以简化企业的涉税问题。

(4)建筑服务不属于混合销售行为

我国税法规定,一项销售行为如果同时涉及应税服务和应税货物,则为混合销售行为。不过对提供建筑服务的行为来说,虽然同时提供应税劳务和应税货物,却不属于提供建筑劳务的同时销售货物,故不属于混合销售行为。企业提供建筑工程服务的,其增值税计税时应当包括工程所用的原材料、劳务、设备款及其他动力款,但不包括建设方提供的设备价款,无须分别核算,全额按建筑企业9%申报。

4.2.3 税负平衡点

税负平衡点也称为税负临界点,是指在不同情况下企业的税收负担达到相等程度的临界值。

4.2.3.1 税负平衡点理论

税负平衡点是增值税一般纳税人和小规模纳税人实际税负相同时的增值率。

税负平衡点分析表如表4-2所示。

表4-2 税负平衡点分析表

纳税人类别	一般纳税人	小规模纳税人
增值税额	$F(X_1)$=增值额M/(1+税率)×税率	$F(X_2)$=含税销售额$(C+V+M)$/(1+征收率)×征收率
平衡点	$F(X_1)=F(X_2)$;平衡点增值率=征收率×(1+税率)/(税率−征收率)	
X>平衡点	$F(X_1)>F(X_2)$	
X<平衡点	$F(X_1)<F(X_2)$	

说明:增值率为X,增值额为M,且M为含税增值额;增值率X是纳税人增值额M和投入额$(C+V)$的比率,即$X=M/(C+V)$。

4.2.3.2 税负平衡点计算

下面以适用9%增值税税率的一般纳税人为例进行计算。由于平衡点增值率=征收率×(1+税率)/(税率−征收率),将9%税率代入公式得出:$X=$

3%×(1+9%)/(9%−3%)=54.5%,故适用9%税率的一般纳税人的税负平衡点(即增值率)为54.5%。

4.2.4 税负平衡点对应纳税额的影响

4.2.4.1 分析其增值率与税负平衡点的关系对应纳税额的影响

下面以适用9%增值税税率的一般纳税人为例进行分析。

(1) 当纳税人的增值率等于54.5%时

例:甲纳税人的增值率为54.5%,$C+V$为100万元。按一般纳税人计算,其增值额为100×54.5%=54.5万元,应纳增值税额为54.5/(1+9%)×9%=4.5万元;按小规模纳税人计算,应纳增值税额为(100+54.5)/(1+3%)×3%=4.5万元。

因此,当纳税人的增值率为54.5%时,按一般纳税人计算的应纳增值税额等于按小规模纳税人计算的应纳增值税额。

(2) 当纳税人的增值率大于54.5%时

例:乙企业的增值率为60%,$C+V$为100万元。按一般纳税人计算,其增值额为100×60%=60万元,应纳增值税额为60/(1+9%)×9%≈4.95万元;按小规模纳税人计算,应纳增值税额为(100+60)/(1+3%)×3%≈4.66万元。

因此,当纳税人的增值率大于54.5%时,按一般纳税人计算的应纳增值税额大于按小规模纳税人计算的应纳增值税额。

(3) 当纳税人的增值率小于54.5%时

例:丙企业的增值率为40%,$C+V$为100万元。按一般纳税人计算,其增值额为100×40%=40万元,应纳增值税额为40/(1+9%)×9%≈3.30万元;按小规模纳税人计算,应纳增值税额为(100+40)/(1+3%)×3%≈4.08万元。

因此,当纳税人的增值率小于54.5%时,按一般纳税人计算的应纳增值税额小于按小规模纳税人计算的应纳增值税额。

4.2.4.2 结论

从上述分析可知,当增值率大于税负平衡点时,一般纳税人的税负高于小规模纳税人,若想在"营改增"后继续适用较低税负,应当继续选择为小规模纳税人(按规定必须认定为一般纳税人的除外)。

当增值率小于平衡点时,按一般纳税人计税税额小于按小规模纳税人计税税额,要想适用较低税负,就应当创造条件成为一般纳税人。一是要提高销售额,达到500万元以上的标准;二是要健全会计核算制度。

增值税一般纳税人与小规模纳税人适用税率、税负平衡点、实际增值率与应纳税额关系的平衡分析如表4-3所示。

表4-3 一般纳税人与小规模纳税人平衡分析表

适用税率(%)A	税负平衡点(%)B	实际增值率(%)C	应纳税额 一般纳税人 D	应纳税额 小规模纳税人 E
13	33.9	$C=B$	D=E	
		$C>B$	D>E	
		$C<B$	D<E	
9	54.5	$C=B$	D=E	
		$C>B$	D>E	
		$C<B$	D<E	
6	106	$C=B$	D=E	
		$C>B$	D>E	
		$C<B$	D<E	

4.2.5 税务筹划应注意的问题

4.2.5.1 注意销售对象

(1) 销售对象是一般纳税人

如果销售对象是一般纳税人,对方需要增值税专用发票抵扣税款,若片面要求降低税负而不愿当一般纳税人,可能因此影响企业销售额,产生负作用。

(2) 销售对象是小规模纳税人

如果销售对象是小规模纳税人,对方不需要增值税专用发票抵扣税款,无论选择何种纳税人身份对销售均无影响。

4.2.5.2 注意筹划风险

(1) 一般纳税人筹划风险

有下列情形之一者,应按销售额依照增值税税率计算应纳税额,不得抵扣进项税额,也不得使用增值税专用发票。

① 一般纳税人会计核算不健全,或者不能够提供准确税务资料的。

② 销售额超过小规模纳税人标准,未申请办理一般纳税人认定手续的。

(2) 小规模纳税人筹划风险

除国家税务总局另有规定外,纳税人一经认定为一般纳税人后,不得转为小规模纳税人。一般纳税人提供财政部和国家税务总局规定的特定应税服务,可以选择适用简易计税方法计税,但一经选择,36个月内不得变更。

因此,在税务筹划中,决策者应当综合考虑税负及销售额等问题,准确分析涉税风险,切莫因小失大。

4.3 建设单位税务筹划

4.3.1 房地产公司税务筹划

房地产公司在生产经营过程中涉税种类多,主要有增值税、土地增值税、企业所得税、城市维护建设税、教育费附加、地方教育附加、契税、个人所得税、房产税、印花税等。

为有效缩减企业的税务成本,提高企业的经济成长能力,房地产企业在进行财务决策时应根据目前房地产行业所涉及的相关税法要求,认真进行税务筹划。

4.3.1.1 增值税税务筹划

(1) 甲供材的选择

① 一般计税与简易计税分界点的确认。

甲供材是房地产企业建筑环节会涉及的一种材料供给方法,指由开发企业来提供建设时主要用到的"三大材"——水泥、钢筋和木材。目前,我国甲供材的计税模式有两种:第一种是甲供材金额不计入工程款,开发企业采购建材后直接交付给建筑方供其使用,如需其他工程款项,开发企业另行支付,建筑方对实际得到的工程款计算销项税额;第二种是开发企业采购后交付给建筑方使用,但相关采购价款计入工程款,即甲供材属于有偿转让,建筑方对此部分可以取得进项抵扣。

建筑材料种类较多,其对应的相关进项税率也有所差异,进项税率一般有3%、6%和13%。

其中,建筑材料如钢筋、水泥等适用税率13%,混凝土、地材等适用税率3%。假定甲供材合同中,除去开发企业已经购买的材料款项后剩余工程含税价为R,其中建筑方需要自行购置的材料含税价为S,占工程含税价比为$N=S/R$,建筑方采购材料适用进项税率为T。此时,建筑方若采用一般计税方法,应纳增值税为$R/(1+9\%)\times 9\%-S/(1+T)\times T\approx 8.26\%\times R-S/(1+T)\times T$;若采用简易计税方法,应纳增值税为$R/(1+3\%)\times 3\%\approx 2.91\%\times R$。在两者纳税数额相同的情况下,可计算出工程含税价比的临界点为$N=5.35\%\times(1+1/T)$。此时对于建筑方来说:

当$N=S/R<5.35\%\times(1+1/T)$时,采用简易计税方法缴纳的增值税更少;

当$N=S/R>5.35\%\times(1+1/T)$时,采用一般计税方法缴纳的增值税更少;

当$N=S/R=5.35\%\times(1+1/T)$时,采用一般计税方法和简易计税方法缴纳的增值税相同。

当工程含税价R相同时,开发企业采用一般计税方法可进行抵扣的进项税额为$R/(1+9\%)\times 9\%\approx 8.26\%\times R$,采用简易计税方法可进行抵扣的进项税额为$R/(1+3\%)\times 3\%\approx 2.91\%\times R$。

例:某房地产公司有一建筑工程项目,该项目工程含税价为2 000万元,增值税率为9%。该工程所需要的建筑材料费用为1 200万元。公司目前有两种方案可供选择。

方案Ⅰ:在1 200万元工程材料费中,房地产公司提供400万元,建筑方自行购置材料费用为800万元。

方案Ⅱ:在1 200万元工程材料费中,房地产公司提供800万元,建筑方自行购置材料费用为400万元。

假定在这两种方案下,购置材料可以获得相应的13%增值税专用发票,即$T=13\%$,可计算出工程含税价比的临界点为$N=5.35\%\times(1+1/T)\approx 46.50\%$。

以下将计算上文讨论过的"甲供材"的两种计税模式下作为开发企业的房地产公司和建筑方两方的增值税,并进行方案比较。

② 甲供材不计入工程款模式。

a. 建筑方税负情况。

一是按照一般计税方法。

方案Ⅰ:应缴纳增值税=1 600/(1+9%)×9%−800/(1+9%)×13%≈36.70 万元。

方案Ⅱ:应缴纳增值税=1 200/(1+9%)×9%−400/(1+9%)×13%≈51.37 万元。

二是按照简易计税方法。

方案Ⅰ:应缴纳增值税=1 600/(1+3%)×3%≈46.60 万元。

方案Ⅱ:应缴纳增值税=1 200/(1+3%)×3%≈34.95 万元。

经计算可知,建筑方在方案Ⅰ的情形下,采用一般计税方法增值税税负较轻;在方案Ⅱ的情形下,采用简易计税方法增值税税负更轻。

计算结果与公式直接推导结果相符,即方案Ⅰ:$N=S/R=800/(1+9\%)×(1+13\%)/1\,600≈51.83\%$,$51.83\%>46.50\%$,采用一般计税方法对建筑方有利;方案Ⅱ:$N=S/R=400/(1+9\%)×(1+13\%)/1\,200≈34.56\%$,$34.56\%<46.50\%$,采用简易计税方法对建筑方有利。

b. 开发企业税负情况。

一是按照一般计税方法。

方案Ⅰ:可取得进项税=1 600/(1+9%)×9%+400/(1+13%)×13%≈178.13 万元。

方案Ⅱ:可取得进项税=1 200/(1+9%)×9%+800/(1+13%)×13%≈191.12 万元。

二是按照简易计税方法。

方案Ⅰ:可取得进项税=1 600/(1+3%)×3%+400/(1+13%)×13%≈92.62 万元。

方案Ⅱ:可取得进项税=1 200/(1+3%)×3%+800/(1+13%)×13%≈126.99 万元。

对于开发企业,在工程含税价 C 相同的情况下,采用一般计税方法可获得的抵扣进项税额为 $C/(1+9\%)×9\%≈8.26\%×C$,采用简易计税方法可获得的抵扣进项税额为 $C/(1+3\%)×3\%≈2.91\%×C$,即总是采用一般计税方法更有利。方案Ⅰ和方案Ⅱ的税负比较也可证实这一推论(表 4-4)。

表 4-4 发承包方在甲供模式一下不同纳税方式对比

不同纳税方式对比	方案Ⅰ:$N=S/R>5.35\%\times(1+1/T)$		方案Ⅱ:$N=S/R<5.35\%\times(1+1/T)$	
	建筑方缴纳税（万元）	开发企业取得税（万元）	建筑方缴纳税（万元）	开发企业取得税（万元）
一般计税	36.70	178.13	51.37	191.12
简易计税	46.60	92.62	34.95	126.99
纳税方式	采用一般计税方法对双方有利		采用简易计税方法有利	采用一般计税方法有利

③ 甲供材计入工程款模式。

a. 建筑方税负情况。

一是按照一般计税方法。

方案Ⅰ:应缴纳增值税=2 000/(1+9%)×9%-1 200/(1+9%)×13%≈22.02万元。

方案Ⅱ:应缴纳增值税=2 000/(1+9%)×9%-1 200/(1+9%)×13%≈22.02万元。

二是按照简易计税方法。

方案Ⅰ:应缴纳增值税=2 000/(1+3%)×3%≈58.25万元。

方案Ⅱ:应缴纳增值税=2 000/(1+3%)×3%≈58.25万元。

b. 开发企业税负情况。

一是按照一般计税方法。

方案Ⅰ:可取得进项税=2 000/(1+9%)×9%+400/(1+13%)×13%-400/(1+13%)×13%≈165.14万元。

方案Ⅱ:可取得进项税=2 000/(1+9%)×9%+800/(1+13%)×13%-800/(1+13%)×13%≈165.14万元。

二是按照简易计税方法。

方案Ⅰ:可取得进项税=2 000/(1+3%)×3%≈58.25万元。

方案Ⅱ:可取得进项税=2 000/(1+3%)×3%≈58.25万元。

在第二种甲供模式下,无论房地产公司采购建筑材料价款占工程总体含税价比例 N 为多少,开发商和建筑方均应采用一般计税方法(表 4-5)。

表 4-5　发承包方在甲供模式二下不同纳税方式对比

不同纳税方式对比	方案Ⅰ:$N=S/R>5.35\%\times(1+1/T)$		方案Ⅱ:$N=S/R<5.35\%\times(1+1/T)$	
	开发企业取得税（万元）	建筑方缴纳税（万元）	开发企业取得税（万元）	建筑方缴纳税（万元）
一般计税	22.02	165.14	22.02	165.14
简易计税	58.25	58.25	58.25	58.25
纳税方式	采用一般计税方法对双方有利		采用一般计税方法对双方有利	

综上，甲供材内的材料提供比例和纳税方式的有效选择共同在增值税筹划上发挥自身的作用。房地产企业应在合同签订时分析甲供材比例，并结合纳税方式的选择，选择适合的甲供模式、甲供建筑材料价款占工程总体含税造价比例等，最终实现增值税税务筹划的目的。

（2）进项税额的税务筹划

① 结算方式的筹划。

房地产企业在采购材料方面通常采用现金结算、分期付款和赊销采购三种结算方式，房地产企业应该竭力采用分期付款、分期获得发票方式，更有利于纳税筹划。在一般情形下，房地产企业的财务人员对于材料供应商的基本结账原则为货物与发票同时到达企业时，才具备结算条件。如果仅是材料到达企业但相对应的发票没有开具，财务人员可以暂时不进行结算步骤。在增值税专用发票的认证管理上，企业财务人员应在得到相关扣税凭证的有效期间内进行认证，如若没有及时进行认证，增值税进项税额可实际应用数额不足，从而使增值税在短期内有所增加。房地产企业可以通过分期付款的方式来进行结算。在分期付款过程中，供应商也会分期给予可抵扣凭证，进而有效缓解企业在资金方面的需求，从而使企业有更多的闲置资金投入其他生产活动。企业应积极在采购环节掌握主动权，与供应商积极沟通，尽量让对方同意分期付款方式，使企业不至于在开发前期一次性流出大量资金，为项目后续运作提供资金方面的保障。

② 进项税额抵扣时间的筹划。

根据我国增值税实施细则的相关规定，增值税进项税额必须经过认证才可允许抵扣，认证期限为180天，在认证的当月内需抵扣，超过期限则抵扣权利失效。增值税抵扣实行的是专票抵扣，纳税人在获得普通发票时是无法进行抵扣的。企业财务人员可以在增值税进项税额抵扣时间方面进行税务筹划方案设计。房地产业相对于其他行业来说,"生产周期"较长,所以我国税法也有单独针对房地产业进项税额的相关规定。原税法规定,房地产企业新项目,第一年进项税额抵扣的比例为60%,自第13个月起可以抵扣剩余进项税额的40%。从2019年4月1日开始,纳税人取得不动产或者不动产在建工程的进项税额不再分2年抵扣。此前按照上述规定尚未抵扣完毕的待抵扣进项税额,可自2019年4月税款所属期起从销项税额中抵扣。房地产企业应在取得进项税额认证后第一时间进行销项抵扣,保证当期税负的最低性。同时,也可以充分结合结算方式进行双重进项税额税务筹划,与供应商积极沟通,尽量让对方同意分期付款方式,对进项税额进行精准管理,保证进项税额抵扣全面可用,在签订项目合同时,要与对方在进项税额抵扣方向上达成一致。

4.3.1.2 土地增值税税务筹划

(1) 筹资利息处理方式选择

房地产企业普遍投资规模庞大,在开发初期资金缺口相较其他行业也要大许多。如果将企业内部大量现金流提出,均努力满足大量投资项目的资金需求,可能会导致公司现金流运营情况恶化,甚至出现中断,即使已经如此努力,仍可能无法满足项目需要。此时公司必须借助筹资方式来维持公司的基本运营,在公司对外的借款利息支出、自行发行企业债券的利息、向企业共同拥有者征求权益及负债筹资等支出,均可以在一定范围内有效扣除,一方面为房地产企业维持良好运营秩序做出适当的贡献,另一方面也为房地产企业的税务筹划扩增了极大的领域。

根据我国土地增值税法的相关规定,财务费用中的利息支出,同时满足可提供金融机构证明和转让房地产项目可分摊的双重条件下,允许在税前实行扣除,但是可扣金额有限制,不可以超过同类同期商业银行贷款利率计算出来的金额。在此条件下,衍生出第一种房地产开发费用抵扣模式。房地产公司同时具备可按转让房地产分摊利息支出和提供相关资金贷款的有效证明的条件下,此时公式如下

允许扣除的房地产开发费用＝利息＋(取得土地使用权所支付的价款＋开发成本)×5%

第二种房地产开发费用抵扣模式为以上两条件房地产公司不能同时具备,此时公式如下

允许扣除的房地产开发费用＝(取得土地使用权所支付的价款＋开发成本)×10%

从上述公式中可以看出,企业筹资利息方式的选择其实在于比较利息和取得土地使用权支付金额与房地产开发成本之和数额之间的大小关系。

在利息超过了后者时,对于房地产土地增值税的可扣费用支出,此时选择方式一更为合理,这就要求企业分摊利息支出,同时出具贷款证明。

当利息小于后者时,对于房地产土地增值税的可扣费用支出,此时选择方式二更为合理,同时对企业相关的证明要求也不必再满足。此时企业在筹资利息处理上已做到最佳,可以从其他纳税角度进行考虑。

(2) 开发间接费用的税务筹划

房地产的整个开发流程会产生大量费用,其中包含人员工资、福利费、折旧费等非一线开发成本,即开发间接费用。这些费用经过会计处理变为管理费用,最终计入损益中。这部分费用在成本费用上对应纳税额的效果可能不如开发成本更加有效。

这给了我们筹划思路,在准备开发房地产前,首先设立开发小组,将相关人员的费用和办公费用计入间接开发成本中,增加土地增值税的可扣部分,从而减轻企业在土地增值税方面的缴纳负担。如果这部分费用基额较大,可能使土地增值税适用税率发生重大改变,带来更好的效果。

(3) 销售价格的制定

销售价格对于房地产企业的营业收入起着至关重要的作用。我们不得不考虑到在开发建设过程中形成的房屋的价值增长部分对增值税和土地增值税的影响作用。房地产在销售中需要缴纳的增值税对应的税率较为固定,为9%;相较之下,土地增值税更需要仔细筹划。土地增值税为四阶税率,价值增加部分越多,其所对应的税率也更高。所以在销售价格的制定上有较为明显的筹划顺序:基于土地增值税的增值率为第一筹划阶梯,增值税和企业相对占比较大的税种为第二阶梯,剩余企业缴纳税种作为辅助筹划。第一阶梯的土地增值税,其实存在着对于房地产企业税务筹划效果甚强的免税优惠政策,即增值率不超过20%即可免税。在增值率未突破20%时,房地产企业应该尽最大可能使用此优惠条款。制定销售价格时存在着消费者预期购房价格和企业适当税务筹划间的博弈,企业要尽量平衡两者,最终使消费者积极购房,同时使企业税务情况变优。

销售价格的制定考虑两方面:基于土地增值税临界点定价和销售折扣的

充分利用。

① 基于土地增值税临界点定价。

通常,临界点的边际税率有突增或者突降的情形,在越过临界点后,可能会发生税率大变或优惠条件失效的情况,纳税人在接近纳税临界点时应更谨慎地进行税务筹划,通过调整收入或支出,保持企业可以适用临界点附近的优惠税率等优惠政策。例如,国家对于普通住宅有着相关的优惠政策,以此激励房地产企业多开发普通住宅。根据《中华人民共和国土地增值税暂行条例》,纳税人自行建造普通住宅用以出售,增值额与扣除项目金额比例未超过20%时即可免征土地增值税。增值率超过20%时则要根据土地增值税规定按照超率累进税率进行纳税。因此,房地产企业应充分利用优惠政策,通过税务筹划减轻税负。

免税临界点的公式如下

$$\{P-[(5\%+0.6\%)]P+C\}/\{[(5\%+0.6\%)]P+C\}\leqslant 20\%$$

其中,P为含税销售房产收入,按5%的简易征收办法征收增值税,7%的征收率征收城市维护建设税,3%及2%征收两教育费附加。与转让有关的税金合计为$5\%\times(7\%+3\%+2\%)P=0.6\%P$,$C$为其余可以扣除项目的金额合计。在计算增值税时,可以扣除的金额为:$5.6\%P+C$。通过不等式计算,$P\leqslant 1.2864C$,即房产的单位销售价格小于或等于可以扣除的相关土地增值税除税金外其余可以扣除费用的1.2864倍时,恰好在土地增值税免税临界点,实现基于临界点的筹划目的。

② 销售折扣的充分利用。

根据我国税法相关规定,如果在同一张发票上分别注明销售额和折扣额,可以按扣除折扣后的销售额为依据征收增值税;如果折扣额是单独开具的发票,则不可按扣除折扣的销售额为依据,而要按全销售额进行增值税计算。房地产公司可以在综合考虑销售收入的同时采用现金折扣的方式,不但加强了对购房者的吸引力,使人们的购买速度加快,企业资金流转性能优化,而且有利于降低企业土地增值税税负,是税务筹划的良好预备方案。

(4) 设立单独的装修公司

近年来,精装房已成为一种趋势,但是问题也随之而来,如不能进行合理筹划,会给企业带来沉重的税收负担。房地产公司可以单独设立一家装修公司,以分开房屋和装修资金(两者适用税率不同),从而在适宜范围内减少税款的缴纳金额。在具体运行时,单独成立装修公司,客户在购买房屋时,装修的若干事宜与装修公司签订专属合同,剩余房屋销售方面与房地产公司签订相关合同,相关的资金也做同样处理,即装修费和剩余应收款分别交付两公司。装修款项属于劳动收入,不需要缴纳土地增值税。剩余房款可能在增值率上会降低档次,从而减少土地增值税税额。

若未设置单独的装修公司,精装修同样可以作为税务筹划的途径。在房地产销售商品房时,如果该房产已经过精装修,其相关的装修费用可以算作土地增值税中的开发成本进行扣除。因此,房地产公司要充分利用我国税法中关于精装修的优惠政策进行税务筹划研究。

4.3.1.3 所得税纳税筹划

(1) 设立分支机构的纳税筹划

① 企业的组织形式。

企业发展进入成熟期后,往往规模急剧扩大,此时仅有一家公司的组织形式可能不能满足企业的发展需要,主要原因有以下几点:不同地域的产品需求可能不同,若当地有下属公司,可以更好地发挥企业优势,细分市场;公司规模的扩大,意味着纵向管理体系或横向管理体系有所延长,太过冗长不利于企业管理效率的提高和问题的解决反馈,由此建设下属公司的需求增长;设立下属公司,意味着需要组建新的领导团队,对于人才的提拔十分有效;设立下属公司,为公司创造了更多享受税收优惠的机会。在此需求下,公司的分支机构组织形式主要有两种:子公司和分公司。

② 分公司、子公司对税负的影响。

子公司不与母公司合并纳税,以其自身经营所得为基础自主进行申报纳税;而分公司由于不具备法人资格,其相关税款缴纳流程需母公司代为进行。母、子公司分开计税,分开缴纳。公司建设初期筹办费用较高,投资回报效应短期内无法实现,投资失败的可能性较大。如若发生了亏损,分公司可以将亏损汇入总公司一并进行纳税处理,对于集团整体来说,所得税费用减少;同时,分公司没有自主申报权利,所以与总公司之间进行的资产交换在主观上所有权并未发生变化。在同样情况下,如果分支机构形式为子公司,可以在自身公司范围内,在之后的五年内弥补亏损,虽每年可以相应减少所得税额,但是给资金的使用带来一定的不便性。

③ 分公司、子公司对企业所得税的影响。

为直观地体现分公司、子公司对所得税的影响,以下将直接在公式中计算所得税。为研究分公司、子公司对税收的不同影响，故严格控制其他经济变量，假设其余显性条件和隐性条件均相同。在此假设框架下，总分公司所缴纳的所得税款为

总分公司合计税后利润＝(总公司收入总额－总公司所有税前可扣成本费用＋分公司利润总额)×(1－25%)＝(总公司利润总额＋分公司利润总额)×(1－25%)

在母子公司模式下，企业所得税的计算公式为

母公司税后利润＝(母公司收入总额－母公司所有税前可扣成本费用)×(1－25%)

子公司税后利润＝(子公司收入总额－子公司所有税前可扣成本费用)×(1－25%)

基于盈利相同的假设，对比公式可得：分公司的利润总额＝子公司的利润总额。

a. 经营情况不善，分公司与子公司均亏损。

当分公司与子公司均处于亏损状态时，分公司不具有自主申报纳税的权利，其相关亏损要计入总公司利润中进行抵减，换句话说，分公司可以为集团减少应纳税额。但是在子公司形式下，子公司的亏损与母公司并不具有关联性，母公司是无法有效利用其亏损抵减的，所以集团此时的总税后利润为母公司的税后利润与子公司的利润总额之和。两组织模式下，具有分公司的集团总体税后利润较大，因为分公司的亏损是税后角度，对于集团总体的税后利润影响数额更少。所以，在项目初期经营不稳定性较大，易出现亏损时，采用分公司模式更为合理。

b. 经营情况良好，分公司与子公司均盈利。

总分公司合计税后利润＝(总公司利润总额＋分公司利润总额)×(1－25%)

母子公司合计税后利润＝母公司利润总额×(1－25%)＋子公司利润总额×(1－25%)＝(母公司利润总额＋子公司利润总额)×(1－25%)

基于盈利相同的假设，对比公式可得：总分公司合计税后利润＝母子公司合计税后利润。

当分公司与子公司均处于盈利状态时，通过公式的展示，可以发现此时企业组织形式的选择对企业税负可能并无影响。但是在某些费用扣除方面，企业所得税对可扣费用有限额规定，超过限额即当期可扣费用数为最大值。在

分公司的情形下,若费用超过限额,汇总后部分费用丧失抵扣机会,而在子公司情形下,母子公司均拥有自主缴纳税款的权利,所以所有费用均可以充分利用。因此,在其他条件一致的情况下,子公司对于费用的利用程度更高,对于降低企业所得税的计税基础拥有更大的优势。

这给我们提供了新的筹划方向:企业可以根据所处的生命周期灵活选择企业的组织形式。企业在异地需要新建项目时,初期亏损的可能性较大,所以站在集团整体角度,选择分公司形式,更有利于释放税负方面的压力。当企业发展步入成长期或成熟期后,生产经营情况良好,企业可以伺机将公司形式转化为子公司,充分发挥子公司对于费用的高利用性,为企业后续发展奠定良好的税务处理基础。

(2) 筹资方式的税务筹划

房地产项目周期长,需要的资金量大,巨大的资金需求是同时开发多项目的房地产企业所难以一次性提供的,所以通过股权融资和债权融资解决资金问题是大多数房地产企业的积极选择。股权融资一般为发行股票等,股权分配在税后进行,因此它对所得税的抵扣起不到多大作用。债权融资主要是通过发行债权、向金融机构借款等,其间发生的费用在会计核算时要记入财务费用,属于税前项目,在企业所得税的抵扣项目上新增一笔。所以,企业在筹资方式上的选择也会影响企业税务筹划的判断。综上,站在税务筹划角度,债权融资有助于抵减企业纳税额,为企业利润做出贡献。

衡量负债的杠杆作用的公式为

税前权益资本收益率＝息税前投资收益率＋负债/权益资本×(息税前投资收益率－负债成本率)

在息税前投资收益率大于负债成本率的情况下,增加企业负债筹资会提高企业的税前权益收益率。但是随着权益资本收益率提高,企业的融资风险和财务风险成本也会逐渐加大,两者可能效果相抵,最终负债的抵消作用消失甚至产生税负反增的负面作用。此时,房地产企业面临着负债的抵税效应与其带来的财务风险效应之间的权衡:一方面希望充分、高效利用负债带来的良好筹划效果,另一方面又要使其衍生的风险在可控范围内,并且应尽可能使整体效益最大化以有利于企业发展。企业必须做到谨慎衡量,确保方案的可操作性。

(3) 设立单独的物业公司

在设立专业下属机构时,设立独立的物业公司也是税务筹划的一个可行方向。设立物业公司,可以把某些项目产生的大额收入进行有效的分割,物业公司取得的收入可以在集团整体层面上成为成本费用,为土地增值税增加可用扣除额度。在其他税种上,例如企业所得税,物业公司的收入也可以有效抵减集团所得税,实现企业在多税种情况下的税务筹划方案设计。

4.3.2 酒店业税务筹划

由于酒店业涉及税种多,加上政策动态变化,税务筹划工作专业性强,不仅要求税务筹划人员充分掌握税收政策法规,而且要熟悉我国的会计准则和财务制度。

4.3.2.1 税率筹划

酒店行业的业务种类纷繁复杂,包括客房、餐饮、娱乐服务以及季节性销售。"营改增"后,酒店经营范围内出现多档税率。酒店提供的劳务或者销售的类型不同,税率也不相同,所以酒店应当分别核算销售额,避免从高征税。企业在税务筹划时,要充分理解财政局和国家税务总局对于全面展开"营改增"的各项文件,选择最有利于酒店的条款,逐一进行研究。

(1) 房屋租赁申请简易征收

"营改增"后出租不动产增值税税率为9%,征收率为5%。《财政部国家税务总局关于全面推开营业税改征增值税试点的通知》(财税〔2016〕36号)规定:① 2016年5月1日起,不动产租赁服务税率为9%。酒店涉及部分出租的房产,按照国家规定,属于9%税率的范畴。② 我国一般纳税人出租其2016年4月30日前取得的不动产,可以向税务局申请简易征收,按照5%的税率计算应纳税额。纳税人出租其2016年4月30日前取得的与机构所在地不在同一县(市)的不动产,应按照上述计税方法在不动产所在地预缴税款后,向机构所在地主管税务机关进行纳税申报。

(2) 充分利用税收优惠政策

根据国家规定,酒店业可以享受的税收优惠政策主要有两项。为贯彻落实党中央、国务院决策部署,推进增值税实质性减税,国家在2019年发布了关于增值税改革的公告。

纳税人购进国内旅客运输服务,其进项税额允许从销项税额中抵扣。纳税人未取得增值税专用发票的,暂按照以下规定确定进项税额:

① 取得增值税电子普通发票的,为发票上注明的税额。

② 取得注明旅客身份信息的航空运输电子客票行程单的,按照下列公式计算进项税额:航空旅客运输进项税额＝(票价＋燃油附加费)/(1＋9%)×9%。

③ 取得注明旅客身份信息的铁路车票的,按照下列公式计算进项税额:铁路旅客运输进项税额＝票面金额/(1+9%)×9%。

④ 取得注明旅客身份信息的公路、水路等其他客票的,按照下列公式计算进项税额:公路、水路等其他旅客运输进项税额＝票面金额/(1＋3%)×3%。

根据上述政策,酒店业员工出差发票报销也可抵扣一部分金额。

4.3.2.2 税基筹划

(1) 对酒店对外销售价格的筹划

"营改增"后,增值税的视同销售原则会对酒店产生一定的影响,尤其是销售和定价部分。增值税的视同销售原则本质为增值税的抵扣链条终止,比如将货物用于非增值税项目,用于个人费用或者员工福利等,但在会计处理上没有做销售处理。如某酒店的淡旺季区分较为明显,节假日和暑假期间入住旅客较多,但是由于季节原因,冬季往来的旅客相对就没有那么多,冬季期间入住旅客基本上以出差人群为主,所以酒店在淡季时会推出一些活动,如连续入住酒店四晚送一晚房券。这种行为就会涉及增值税视同销售的情况,酒店的税负也就在无形中加重了。如果酒店做好对外销售价格的筹划,就可避免类似问题。第一,酒店可以降低售价,捆绑销售客房。以该酒店标准房举例,原价是700元一晚,住四晚送一张房券的话就是2 800元住五晚。酒店可以将房价调整为560元每晚,这样计征增值税时就可以用2 800元含税售价计征,无需将赠送的700元视同销售额外征税了。第二,将赠送的这700元一晚当作销售折扣来计算。开具发票时,将五晚的总价3 500元在发票上清楚反映,将赠送的一晚700元以折扣的方式在发票上反映,直接将700元返还给客户,发票上净额依然为实际收款的2 800元。这种做法既达到了促销的目的,又无须担心并作销售额的部分多缴增值税。

(2) 对酒店购入项目的筹划

① 适当扩大外包服务。

某酒店是一家五星级酒店,员工有三百多人。人力成本占酒店总成本的50%以上。由于人力成本没有上游企业,也就没有进项税可言。对于减少这部分的税负，"营改增"带来的好处并不明显，但是酒店可以利用其他方式减少这一部分的税负。现代社会分工日趋专业和细化，市场上专业化的外包团队已经非常成熟。酒店可以将需要消耗大量时间、人力、物力资源和技术含量不高的非核心业务分包给外包公司，即把内部的增值额向外部转移，由此为酒店节约人力成本。比如酒店可以与专业的安保公司合作，让安保公司为酒店提供24小时的安保服务，这样可以有效保障酒店客人及员工的人身安全；与洗衣公司合作，将洗衣服务外包给专业公司；与保洁公司合作，由保洁公司负责酒店的客房清理、清洁工作；与园林绿化公司合作，由他们负责酒店植被的维护。酒店将这些业务分离出来，让专业的外包公司去完成，一方面提高了工作效率，既降低了酒店的人力成本，又缓解了酒店招工难的问题，另一方面酒店可以让外包公司开具增值税专用发票，用这部分进项税来抵扣酒店的销项税额，达到减轻酒店税负的目的。这样酒店就有更多的现金流和精力来提高自身竞争力，向更好的方向发展。

② 谨慎选择供应商。

在酒店业，尤其是规模较大的酒店，原材料的采购成本约占总经营费用的45%左右。餐饮业务是酒店的主营业务之一，酒店每日需要采购大量新鲜的食材和其他各类原材料。酒店餐饮采购种类相对较多，如海鲜、肉、蔬菜、蛋、奶制品等，市场上的供应商也繁多，相对复杂。酒店在众多供应商中要挑选一些信誉好、性价比高、售后服务周到的。"营改增"后，由于供应商类别不同，酒店上游供应商缴纳增值税执行的税率也不同，因此酒店在采购货物时获得的进项税的抵扣额也是不同的，酒店的税负和利润因此受到了直接的影响。在"营改增"背景下，酒店在选择供应商时要货比三家，建立一套价格比较制度，使酒店购买到物美价廉的商品，保证付出成本的最优化。

酒店在采购商品时需要考虑两方面的问题，一是要考虑进项税额的抵扣，二是要考虑商品价格。酒店应权衡税收负担与商品价格之间的关系，以期达到酒店利润的最大化。酒店有时会在本地的网店或者个体工商户中购买农副食品，对这种小规模纳税人来说，开具增值税专用发票或其他凭证相对来说是比较困难的。面临这种问题时，酒店可以从中挑选出一些优质供应商长期合作，如一些评价良好的网店，并协助供应商每月到税务机关办理代开增值税专用发票的业务。另外，酒店也可以与同一集团的姊妹酒店进行集中采购、批量采购，这样批发商会开出更加低廉的价格，酒店业可以通过此种方式提高自身的议价能力，降低酒店的采购成本。

③ 合理统筹安排固定资产购入时间。

在营业税改为增值税后,企业购买固定资产可以抵扣。酒店行业属于建设初期要购入大量固定资产的行业,前期投入相当大。购买部分固定资产,在当月进项税发票不足时,可用购买固定资产的进项税额来抵扣。这样做一是缓解了酒店当月的税负压力,解决了进项税发票不足的问题;二是缓解了酒店近来一段时间的现金流压力。

4.3.2.3 递延纳税时间筹划

(1) 根据经营状况合理安排应纳税额

在我国税法以及相关法律法规规定的范围内,酒店根据经营情况合理、合法安排应纳税额,具体包括以下三个方面:①酒店尽量推迟确认收入;②将进项税额的抵扣提前;③延长跟供货商的付款周期。通过以上三个方面,酒店可减少当期应纳税额,或延期纳税,达到增加当期现金流的目的。根据《中华人民共和国增值税暂行条例》相关规定,增值税纳税义务发生时间是销售货物或者应税劳务的,为收到款项当天或者索取到款项凭据的当天,先开具发票的,为开具发票的当天。比如,采购部门从供应商处购买货物,如果当月的进项税足够用来抵扣销项税,可以跟供货商商量延期付款,推后一个月取得发票进行抵扣;如果当月进项税不足,那就尽可能在月底之前取得发票,在税控系统上进行抵扣。再比如,营销部门对客户租赁会议场地,在当月进项税足够抵扣的情况下,销售人员可以与客户协商,将收入确认时间和开票时间延至下一个月;如果当月进项税不足以用来抵扣,也可以通过协商的方式,让客户提前交付款项,开具发票。以上方式都是为了平衡酒店进项税和销项税的额度,使酒店当月税负最小化,减轻酒店的税负压力。当然,上述所有行为必须在合理、合法的条件下进行。

(2) 采取有利的会计处理方式

根据酒店实际收入情况,合理安排进项税抵扣时间。酒店根据当月销项税额的多少来决定本月抵扣进项税的多少,避免出现这个月进项税完全包过销项税,下月进项税抵扣又不足的情况。按照税务局的规定,目前发票认证时间为360天,酒店业有条件也有时间合理规划每月的税负状况,以避免税负过高或者完全不交税的情况。酒店行业有明显的淡旺季,酒店可以在旺季的时候多认证进项税发票,此时酒店生意比较好,住客相对较多,销项税发票也会增多。而淡季的时候,酒店客人会减少,开出去的发票也会减少。酒店业应该针对淡旺季的不同情况,合理规划进项税额的认证,避免出现每月税负差距过大的现象。

在设施设备采购维护维修方面,酒店每年都要采购一批新的设备设施,如电脑、智能马桶坐垫等。对于老化的墙体、地面,酒店每年也要投入一部分资金进行维修和改造。类似维修或改造的合同,一般要约定分三次进行付款。酒店第一次先付一部分预付款,工程商会在收到预付款的时候开具合同约定的全额增值税专用发票,而后再支付余款,酒店需要暂时保留5%的尾款当作本次维修或改造的质保金。

4.3.3 事业单位税务筹划

"营改增"全面实施以来,事业单位税务筹划工作也产生了较大变化。以高校为例,作为事业法人单位,高校主要承担的是教育、科研等公益性事业服务。其支出类型主要为劳务型支出,涉及采购、工程、销售等方面内容较少,因此高校税务筹划有其自身的特点。

(1) 明确身份主体,充分利用税收优惠政策

高校要结合自身会计主体属性,科学地制定税务筹划策略。针对一般纳税人,在进行税务筹划时,需要明确可以抵扣的进项税额,同时要注重发票的规范管理,做好发票的开立、领用以及核销等方面的工作,确保尽可能多地获得增值税专用发票,在最大程度上减轻税收负担。

对于大部分高校来说,应税收入仅占其收入总额的一小部分,但其类别相对繁杂,如不严格加以区分,不仅会加大高校税务筹划的难度,而且还可能极大地增加高校税负。因此,高校要全面梳理应税收入种类,只有应税收入部分才能享受进项税额抵扣政策。

(2) 找准纳税平衡点,加大应税收入支出筹划

随着"双创"等政策措施的推行,科研成果转化加快,高校交流合作深入开展,在此背景下,大部分高校的应税收入已经符合一般纳税人的资格认定,税率由原来营业税的5%变更为增值税的6%。为了保证高校在税率增加的情况下税负不变甚至有所降低,高校需要在分类核算的基础上找到每种业务核算类别的纳税平衡点,以该平衡点为基准加大应税收入支出筹划,以获得更多可抵扣的进项税额,达到减税目标。同时,高校要加强教育退税政策的税收筹划,利用国家税务总局对高校科研、教学方面所给予的进项税额税收政策优惠,减轻高校在支出规模上的税收压力。

（3）加强内部控制约束

高校应根据税收政策及时对现有的内控体系进行改进和完善,具体可从以下几个方面着手。第一,加大税收政策宣传教育,加强税务筹划意识,组织高校相关人员学习最新税务政策,同税务等相关部门保持良好的沟通交流,及时、全面地掌握最新的政策变动情况,做好税改风险的防范控制工作。第二,健全组织结构,可成立税务筹划工作小组,同高校税务会计人员进行协作配合,对整个税务筹划工作进行审查监督,确保税筹方案实施的可行性和科学性,推进各项税筹活动的有效开展。第三,优化税务工作流程,做好财务核算管理工作。"营改增"后,高校收入、成本支出的税务核算都发生了较大变化,因此高校要根据最新的税改政策要求,建立增值税明细账,详细、全面地记录并审核高校科研及教育各项活动开展所需的资金项目及金额。对于涉税收入进行单独建账、独立核算,建立可抵扣进项税项目台账。高校要细化项目管理流程,从项目的申请立项到入账核算,要建立完善的流程制度体系,合理地安排税收节点,充分利用递延纳税等税收优惠政策。

4.4 施工单位税务筹划

结合建筑施工企业的特点及纳税特征,充分利用税收优惠政策,建筑施工单位主要可从异地项目、计税方式、供应商选择、用工形式、筹资和投资活动、EPC合同形式、纳税义务时间等方面进行税务筹划。

4.4.1 异地项目的税务筹划

建筑公司普遍存在多地区异地项目,而异地项目需要预缴税款,可以利用分割技巧,建立子公司,使得整体税负最小化。在跨区域项目所在地建立子公司来处理项目税收问题,有以下三方面的优势。

（1）规避异地项目预缴税款的问题

预缴税款是按照既定征收率征收的,而实际缴纳增值税税额是根据销项税额减去进项税额计算确定的,这样就有可能造成预缴税款比当期实际需缴税款多,导致虚占现金流,而建筑公司异地建立子公司,不用预缴税款,可以减少现金流的压力。对于建筑公司整体而言,若未按照规定预缴税款,可能会面临税务处罚,在纳税申报环节可能会出现重复纳税的问题,增加企业的管理成本,而异地建立子公司,独立申报,可避免因预缴税款失误而面临的税务罚款。

（2）享受税收优惠政策，降低稽查风险

在异地项目所在地设立子公司，可以选择成为小规模纳税人。建筑企业小规模纳税人既可以开具普通发票，又可以开具专用发票，在开票便捷方面与一般纳税人是一样的。但相较于一般纳税人，小规模纳税人有许多优惠：

① 对月销售额不足 10 万元（含 10 万）的，免征增值税（但不包含开具的增值税专用发票税额）。

② 允许各地方政府对小规模纳税人，在 50% 幅度内减征资源税、城市维护建设税、印花税、城镇土地使用税、耕地占用税等地方税种。

③ 原材料进项发票更容易获得，因为建筑企业的一些原材料如石子、沙子、白灰等供应商为市场上的个体户或个人，而个体户和个人通常只能提供增值税普通发票，小规模纳税人也不需要增值税专用发票来抵扣，可以避免一般纳税人企业因不能获取增值税专用发票而使增值税税负增加的问题。

④ 某些地方税务局针对建筑行业工程周期长、经营形式及核算方式复杂多样的特点，对建筑企业所得税有可以申请核定征收的政策，核定征收可以规避企业因核算不准确、发票不合规等稽查风险，比较适合经营环境较为复杂的建筑企业，而小规模纳税人因规模较小、制度不健全更容易获得税务机关核定征收的许可。

（3）降低集团公司整体税负

我国税法规定母公司可以向子公司提供管理服务，可以通过合同或协议的方式收取服务费，也可以制定费用分摊协议，因此，建筑公司可以通过合同或协议的方式给盈利多的子公司多分配些费用，给亏损的子公司少分配些费用，通过调整母公司管理费用的分配方式来达到降低整体税负的目的。

4.4.2 计税方式的税务筹划

当企业选择一般计税方法时，增值税税负＝(销项税额－进项税额)/销售收入，销项税额/销售收入＝9%，设进项税额/销项税额＝A，则增值税税负为 9%/(1－A)，而采用简易计税方法时，增值税税负＝3%，则 3%/(1－A)＝9%，A≈66.67%，则只有当企业可以获得进项税额占销项税额的比重达到 66.67% 时，两种计税方式才一致。当企业获得的进项税额不足销项税额的 66.67% 时，应选择简易计税方法；当企业获得的进项税额超过销项税额的 66.67% 时，应选择一般计税方法。

对于一些不容易获得增值税进项发票的项目，如人工比重较高（无法获得可抵扣的进项发票),或者获得的进项税额比较少,如商混等3%的进项发票比例比较大,此时建筑公司应采用简易计税方法,可降低增值税税负。

税收政策规定了很多建筑企业适用简易计税方法的具体情况,在签订合同时,建筑企业应综合考虑项目的性质、可获得的进项抵扣发票,项目是否符合简易计税的特征,哪种计税方式比较合适等,以做出最优选择。

建筑企业计税申报明细表如表4-6所示。

表4-6 建筑企业计税申报明细表

纳税人资格类型	施工类型	计税方法	预缴《增值税预缴税款表》	申报	是否可以抵扣	开具增值税普票	开具增值税专票
一般纳税人	总包	一般计税	(全部价款和价外费用−支付的分包款)/(1+9%)×2%	全额申报,适用税率9%,预缴税款进行扣除,从分包方取得的进项发票可抵扣	是	自开	自开
		简易计税	(全部价款和价外费用−支付的分包款)/(1+3%)×3%	差额申报,适用税率3%,预缴税款可以扣除	否	自开	自开
	分包	一般计税	全部价款和价外费用/(1+9%)×2%	全额申报,适用税率9%,预缴税款进行扣除	是	自开	自开
		简易计税	全部价款和价外费用/(1+3%)×3%	全额申报,适用税率3%,预缴税款进行扣除	否	自开	自开
小规模纳税人(个体工商户和企业)	总包	简易计税	(全部价款和价外费用−支付的分包款)/(1+3%)×3%	差额申报,适用税率3%,预缴税款可以扣除	否	自开	自开
	分包	简易计税	全部价款和价外费用/(1+3%)×3%	全额申报,适用税率3%,预缴税款进行扣除	否	自开	自开
小规模纳税人(自然人)	分包	简易计税	全部价款和价外费用/(1+3%)×3%	全额申报,适用税率3%,预缴税款进行扣除	否	代开	代开

4.4.3 原材料供应商身份选择的税务筹划

根据原材料采购对象的纳税身份不同,获得可抵扣的进项税额也不同,对税后利润的影响也不同。供应商分为一般纳税人(可开具13%的增值税专用发票)和小规模纳税人(可开具3%的增值税专用发票和3%的增值税普通发票)。假设项目的不含税收入是M,从一般纳税人处采购的材料不含税价格为N,从小规模纳税人(可开具3%的增值税专用发票)处采购的材料不含税价格为P,从小规模纳税人(可开具3%的增值税普通发票)处采购的材料不含税价格为Q。

从一般纳税人处购买原材料获得的最终收益为X

$$X=M-N-(M-N)25\%+13\%N=0.75M-0.62N$$

从小规模纳税人(可开具3%的增值税专用发票)处购买原材料获得的最终收益为Y

$$Y=M-P-(M-P)25\%+3\%P=0.75M-0.72P$$

从小规模纳税人(可开具3%的增值税普通发票)处购买原材料获得的最终收益为Z(普通发票税额不可以抵扣,计入成本)

$$Z=M-1.03Q-(M-1.03Q)\times25\%=0.75M-0.7725Q$$

情况一:对比一般纳税人和小规模纳税人(可开具3%的增值税专用发票)。

令$X=Y$,则$0.75M-0.62N=0.75M-0.72P$,$N:P\approx1.1613$,此时无论从哪一方购买原材料,税后收益都是一样的。

假设:A公司承建的某项目合同价为1 000万,所需的原材料从一般纳税人处购买,不含税价格为600万,则税后收益为1 000-600-(1 000-600)×25%+13%×600=378万。若所需的原材料从小规模纳税人(可开具3%的增值税专用发票)处购买,不含税价格为516.67万,则税后收益为1 000-516.67-(1 000-516.67)×25%+3%×516.67≈378万,此时无论从哪一方购买原材料,获得的收益都是一样的。若所需的原材料从小规模纳税人(可开具3%的增值税专用发票)处购买,不含税价格为500万,则税后收益为1 000-500-(1 000-500)×25%+3%×500=390万>378万,则应该从小规模(可开具3%的增值税专用发票)处购买原材料。若所需的原材料从小规模纳税人(可开具3%的增值税专用发票)处购买,不含税价格为600万,则税后收益为1 000-600-(1 000-600)×25%+3%×600=318万<378万,此时应从一般纳税人处购买原材料。

通过上述分析可知,一般纳税人和小规模纳税人(可开具3%的增值税专用发票)的税后利润平衡点为1.161 3。当$N∶P>1.161 3$时,A公司应该选择从小规模纳税人处采购原材料;当$N∶P<1.161 3$时,A公司应该选择从一般纳税人处采购原材料。

情况二:对比一般纳税人和小规模纳税人(可开具3%的增值税普通发票)。

令$X=Z$,则$0.75M-0.62N=0.75M-0.772 5Q$,$N∶Q≈1.246$,此时无论从哪一方购买原材料,税后收益都是一样的。

假设:A公司承建的某项目合同价为1 000万,所需的原材料从一般纳税人处购买,不含税价格为600万,则税后收益为1 000－600－(1 000－600)×25%+13%×600=378万。若所需的原材料从小规模纳税人(可开具3%的增值税普通发票)处购买,不含税价格为481.55万,则税后收益为1 000－481.55×1.03－(1 000－481.55×1.03)×25%≈378万,此时无论从哪一方购买原材料都是一样的。若所需的原材料从小规模纳税人(可开具3%的增值税普通发票)处购买,不含税价格为400万,则税后收益为1 000－400×1.03－(1 000－400×1.03)×25%=441万>378万,此时应该从小规模纳税人(可开具3%的增值税普通发票)处购买原材料。若所需的原材料从小规模纳税人(可开具3%的增值税普通发票)处购买,不含税价格为600万,则税后收益为1 000－600×1.03－(1 000－600×1.03)×25%=286.5万<378万,此时应从一般纳税人处购买原材料。

通过上述分析可知,一般纳税人和小规模纳税人(可开具3%的增值税普通发票)的税后利润平衡点为1.246。当$N∶Q>1.246$时,A公司应该选择从小规模纳税人处采购原材料;当$N∶Q<1.246$时,A公司应该选择从一般纳税人处采购原材料。

情况三:对比小规模纳税人(可开具3%的增值税专用发票)和小规模纳税人(可开具3%的增值税普通发票)。

令$Y=Z$,则$0.75M-0.72P=0.75M-0.772 5Q$,$P∶Q≈1.072 9$,此时无论从哪一方购买原材料,税后收益都是一样的。

假设:A公司承建的某项目合同价为1 000万,所需的原材料从小规模纳税人(可开具3%的增值税专用发票)处购买,不含税价格为600万,则税后收益为1 000－600－(1 000－600)×25%+3%×600=318万。若所需的原材料从小规模纳税人(可开具3%的增值税普通发票)处购买,不含税价格为

559.22万,则税后收益为1 000－559.22×1.03－(1 000－559.22×1.03)×25%≈318万,此时无论从哪一方购买原材料都是一样的。若所需的原材料从小规模纳税人(可开具3%的增值税普通发票)处购买,不含税价格为400万,则税后收益为1 000－400×1.03－(1 000－400×1.03)×25%＝441万＞318万,此时应该从小规模纳税人(可开具3%的增值税普通发票)处购买原材料。若所需的原材料从小规模纳税人(可开具3%的增值税普通发票)处购买,不含税价格为600万,则税后收益为1 000－600×1.03－(1 000－600×1.03)×25%＝286.5万＜318万,此时应该从小规模纳税人(可开具3%的增值税专用发票)处购买原材料。

通过上述分析可知,小规模纳税人(可开具3%的增值税专用发票)和小规模纳税人(可开具3%的增值税普通发票)的税后利润平衡点为1.072 9。当$P:Q>1.072\ 9$时,A公司应该选择从小规模纳税人(可开具3%的增值税普通发票)处采购原材料;当$P:Q<1.072\ 9$时,A公司应该选择从小规模纳税人(可开具3%的增值税专用发票)处采购原材料。

4.4.4 材料供应价格选择的税务筹划

"营改增"税制改革在建筑业实施后,由于增值税的价外税特点,是否从供应商处取得增值税专用发票进行抵扣,将直接影响到材料的综合成本。而以实际缴纳的增值税为计税依据的城建税及教育费附加,实质上是价内税,增值税进项税能否进行抵扣以减少实际缴纳的增值税额,直接影响着城建税以及教育费附加的计税依据。因此通过增值税筹划,可以减少城建税和教育税金及附加的应交税金。

在建筑企业销项税既定的情况下,能否充分取得增值税进项税进行增值税抵扣,将直接对城建税和教育费附加的税基产生影响。减少城建税和教育税金及附加可以直接增加建筑企业的利润。并且在供应商能够提供的不含税价格相同的情况下,适用的增值税税率越高,可抵扣的进项税就越多,材料的综合成本也就会越低。

在能够取得供应商开具的增值税专用发票的情况下,材料的综合成本等于含税价格扣除增值税进项税,不能够取得供应商增值税专用发票时,材料综合成本就是含税价格。

材料的综合成本＝不含税采购成本＋(增值税销项税额－增值税进项税额)×城建及教育费附加税率

建筑企业通常采用的比价基础有不含税报价和含税报价。由于不含税报价可直接进行比对,决策较为简单,本部分主要以含税报价为基础进行供应商选择策略分析。

4.4.4.1 含税报价相同的供应商选择

在供应商含税报价相同的情况下,如果供应商的纳税身份一致以及可提供的增值税发票类型和适用税率均一致,则在供应商选择决策时着重比较供应商的经营规模、产品质量、商业信誉等。

在增值税税率不同的供应商提供相同采购合同报价的情况下,选择能够提供高增值税税率的供应商。以一般的建筑材料供应商为例,一般纳税人身份的供应商通常适用增值税税率为13%,简易征收方式的适用税率为3%,小规模纳税人的适用税率为3%,其他个人适用0%。在材料采购合同含税报价相同的情况下,应优先选择征税税率为13%的一般纳税人,使得企业能够抵扣的增值税进项税尽量多,从而使建筑企业的材料综合成本最低。

4.4.4.2 含税报价不同的供应商选择

不同的供应商提供的含税报价不同,意味着材料的综合成本不同,建筑企业能够取得的增值税进项税也就不同,从而企业应缴纳的增值税也会有所差异。而应缴纳的增值税不同会直接影响城建税和教育费附加,进而导致利润反向变动。

例如:一般纳税人身份的某建筑企业销项税额为 a,该建筑企业的材料供应商明细表中有以下三个候选人:① 能够开具税率为13%专用发票的供应商A(一般纳税人身份);② 能够提供税率为3%专用发票的供应商B(小规模纳税人身份);③ 能够提供普通发票(不可用于增值进项税抵扣)的其他个人C。

假设供应商A和B提供的含税报价分别为 x 和 y。在三家供应商提供的材料均能满足该建筑企业对材料的需求条件时,以材料综合成本的高低进行供应商选择决策,则有下列决策步骤。

① 建立供应商A和B提供材料的综合成本相等时的等式,即供应商A提供材料的综合成本=供应商B提供材料的综合成本。

供应商提供材料的综合成本=供应商提供的含税报价÷(1+增值税税率或征收率)+(增值税销项税额-增值税进项税额)×城建及教育费附加税

② 将具体假设数据代入等式。

$$\frac{x}{1+13\%}+\left(a-\frac{x}{1+13\%}\times13\%\right)\times(7\%+3\%+2\%)=\frac{y}{1+3\%}+\left(a-\frac{y}{1+3\%}\times3\%\right)\times(7\%+3\%+2\%)$$

③ 计算平衡点。

当材料综合成本相等时

$$y/x\approx90.05\%$$

也就是说，增值税小规模纳税人身份的供应商，其提供的含税报价 y 等于一般纳税人身份的供应商提供的含税报价 x 的 90.05% 时，供应商 A 和供应商 B 提供的材料对该建筑企业而言综合成本相等。

④ 选择供应商。

一般纳税人身份的供应商 A 与其他个人供应商 C、小规模纳税人身份的供应商 B 与其他个人供应商 C 的报价的材料综合成本相等点的计算方法，与上述供应商 A 和供应商 B 的平衡点的计算方法一致，此处不再赘述，计算结果如表 4-7 所示。

表 4-7　建筑企业材料采购报价决策表

供应商及其提供发票类型(可抵扣税率)		报价平衡点	供应商选择方案
供应商 A	供应商 B	90.05%	供应商 B 的价格/供应商 A 的价格＜90.05%时，选择供应商 B；反之，选择供应商 A
增值税专用发票(13%)	增值税专用发票(3%)		
供应商 A	供应商 C	76.99%	供应商 C 的价格/供应商 A 的价格＜76.99%时，选择供应商 C；反之，选择供应商 A
增值税专用发票(13%)	增值税普通发票(0%)		
供应商 B	供应商 C	97.09%	供应商 C 的价格/供应商 B 的价格＜97.09%时，选择供应商 C；反之，选择供应商 B
增值税专用发票(3%)	增值税普通发票(0%)		

建筑企业在面临以上三种供应商的选择时可以按照表 4-7 采购价格决策原则进行相应的供应商选择，选择对本建筑企业来说综合成本最低的供应商以取得较大的增值税筹划收益。

4.4.4.3 运输费用的筹划

建筑企业材料采购的运输费用会占据很大的比重,而运输费用适用9%交通运输业的增值税率与材料采购适用13%的增值税税率存在差异。在采购物资或设备时,供应商提供运输费用增值税发票一般有"一票制"和"两票制"两种形式。

"一票制"是指供应商提供的专用发票中未分别核算采购价款和运输费用,而统一开具材料采购增值税专票的形式。

"两票制"是供应商将采购价格和运输费用分开结算,并分别开具适用税率不同材料采购的增值税发票和交通运输业专用增值税发票。

通常情况下,建筑企业在采购大型机械设备或大宗建筑施工材料时会选择具有一般纳税人资格的供应商,在签订采购合同时将材料采购价款和运输费用采用"一票制"结算,由材料供应商直接开具包括采购价款和运输费用在内的税率为13%的增值税专用发票,这样材料的运输费用可以抵扣13%的增值税进项税。相比交通运输业9%的税率,建筑企业可多抵扣4%的运输费用对应的增值税进项税。

如果建筑企业的材料供应商是能够提供增值税专用发票的小规模纳税人,建筑企业在与相应的材料供应商签订材料时应采取"两票制"的方式。再与具有一般纳税人资格的交通运输企业单独签订材料运输合同,接受运输企业的专业运输服务,从专业运输企业取得交通运输业增值税专用发票进行进项税抵扣。这种方式下,建筑企业的运输费用可获得9%的增值税进项税抵扣额。

4.4.5 租赁业务税务筹划

建筑企业如果大量施工需要购买施工所需的大型设备,涉及的资金支出量巨大。如果采用向银行贷款的方式来取得采购设备所需要的资金,需要向银行支付较高的利息,而现行增值税政策下,建筑企业的银行贷款利息无法取得增值税专用发票,因此无法进行借款利息支出的增值税进项税抵扣。建筑企业在采购施工设备时可以考虑采取以融资租赁取得施工设备替代向银行贷款直接购买施工设备的方式。在以融资租赁取得施工设备的方式中,相关利息支出可以从融资租赁承租方取得增值税专用发票,从而增加了进项税额的抵扣金额,达到降低企业增值税税负的效果。

由于施工大型设备购买价值较高,资金紧张的建筑企业可以采用售后回租的方式进行融资。虽然施工设备本金部分丧失了增值税进项税抵扣的机会,但利息支出的部分可以从融资租赁承租方获得增值税专用发票进行进项税抵扣。

4.4.5.1 租赁与购买税务筹划决策

租赁是指在约定的时间内出租人将某项资产的使用权让渡与承租人,而所有权仍由出租人持有,承租人向其支付相应租金的行为。租赁按照相对应的分类标准可以分为经营租赁和融资租赁。

经营租赁的典型特征是租赁期短(一般情况下期限小于 1 年)、可撤销的不完全补偿的毛租赁。而融资租赁的主要特征是长期的(通常租赁期限高于 1 年)、不可撤销的完全补偿的租赁。财务管理中把租赁视为一种融资方式,经营租赁和融资租赁都形成了"租赁融资"。决策的主要思路是租赁净现值(租赁的现金流量总现值与自行购买的现金流量总现值的差额)。

建筑企业由于资金紧张以及其他各种原因,在建筑施工过程中使用施工设备很多的情况下,都会选择采用租赁的形式获得。"营改增"之前,施工工程项目组租用设备的出租人是个人的情况较为普遍,这种情况下建筑企业大多只能取得税务机关代开的国税通用机打发票,这种发票只能作为租金结算的凭证而不能作为进项税凭证进行抵扣。

在项目施工中,出租人是增值税小规模纳税人身份的情况也十分普遍,取得的增值税发票也是国税通用机打发票,只能作为会计核算凭证。建筑业"营改增"税制改革之后,企业可通过合理的施工设备租赁安排、选择可以开具增值税专用发票的租赁公司等进行增值税税务筹划,确保租赁设备的成本进项税额能够取得增值税进项税发票,从而抵扣进项税,降低企业增值税税负。

4.4.5.2 租赁的增值税税务处理

实践中,融资租赁主要有两种经营模式:第一种是出租人按照承租人提出的具体要求与其他第三方拟定购销合同,出租人向其他第三方购买承租人指定的租赁标的物的直接租赁;第二种是出租人与承租人先拟定购销合同,约定承租人将其所有的租赁物销售给出租人,然后承租人将销售给出租人的租赁物租回的融资性售后回租。我国税法规定融资租赁不同于普通租赁,相关的增值税税务处理不同于普通租赁。

根据我国税法的相关规定,融资租赁的增值税征税范围属于现代服务业,其涉及的税率在2019年4月1日之后可能为13%、9%或者6%。但是经国家相关部门批准经营融资租赁业务的一般纳税人,其提供的有形动产融资租赁服务对其增值税税负实际超过3%的部分,实行增值税即征即退的税收优惠政策。2016年税制改革后延续了融资租赁的相关政策,同时完善了不动产融资租赁和融资性售后回租的增值税政策。

经有关部门批准可从事融资租赁业务活动的纳税人,其增值税纳税方式主要有以下几种。

① 提供融资租赁服务的纳税人以其收取承租人的全部价款和价外费用扣除支付的借款利息、发行债券支付的利息以及车辆购置税后的余额为销售额开具增值税专用发票。

② 融资性售后回租的纳税人以其从承租方取得的全部价款和价外费用扣除对外支付的利息以及扣除发行债券支付的利息后的余额为销售额开具增值税专用发票。一般纳税人融资租赁增值税税率表如表4-8所示。

表4-8 一般纳税人融资租赁增值税税率表

融资租赁类型	经营租赁		融资租赁		融资性售后回租
标的物类型	动产	不动产	动产	不动产	6%
税率	13%	9%	13%	9%	

以经营租赁方式租入的施工设备等发生的租赁费用支出,增值税进项税可按照从出租方取得的增值税专用发票注明的金额,在税法规定的期限内进行抵扣。

而且租赁费用可在计算企业所得税时,按照租赁期均匀在税前扣除。其租赁与购买的决策思路是财务管理净现值原理,首先计算经营租赁和购买的现金流量,并选择合适的折现率进行现值折算。其计算步骤如下:

① 承租人租赁期的现金流量=税后租金-租金×(1-所得税税率)。

② 自行购置的现金流量。

自行购置相关设备的相关现金流出主要有以下几个部分。

① 初始现金流出:购置成本。

② 营业现金毛流量:折旧抵税、税后维护成本。

③ 回收余值的现金流量:期末余值变现价值+变现损失抵减的所得税(或变现利得需缴纳的企业所得税)。

租赁净现值=租赁期的现金流量现值-自行购买的现金流量。其决策标准是:租赁净现值≥0时,选择经营租赁,反之选择自行购买。

4.4.5.3 融资租赁与购买决策

融资租赁与经营租赁的区别主要集中在承租人现金流量的差异上,融资租赁的租金不允许在企业所得税税前进行扣除,而是采用租赁物公允价值在合理期间内,通过计提折旧在企业所得税税前扣除。因此,融资租赁与经营租赁承租人现金流量有很大不同。

融资租赁的现金流量通常情况下由以下两部分构成。

① 融资租赁期现金流量:租金、折旧抵税。

② 租赁终结点现金流量:支付购买设备余值的名义现金或期末余值变现价值+变现损失抵减的企业所得税(或变现利得需要缴纳的企业所得税)。

值得注意的是,关于融资租赁折旧的计税基础,税法有明确的规定,具体如表4-9所示。

表4-9 融资租赁折旧基础分类表

合同情况	计税基础	折旧计算
合同约定付款总额时	以租赁合同约定的付款总额和承租人在签订租赁合同过程中发生的相关费用为计税依据	年折旧=合同约定的付款总额及相关费用×(1-预定残值率)/同类设备折旧年限
合同未约定付款总额时	以该资产的公允价值和承租人在签订合同过程中发生的相关费用为计税基础	年折旧=(公允价值+初始直接费用)×(1-预定残值率)/同类设备折旧年限

融资租赁的租赁净现值=融资租赁期现金流量-自行购置的现金流量。当融资租赁净现值>0时,选择融资租赁,反之选择自行购置。

4.4.5.4 设备租赁筹划

(1) 设备先租后买

在建筑业"营改增"税制改革后,"营改增"前已经实施的老项目不论选择缴纳营业税还是增值税,但凡不是专门用于老项目工程施工的设备,其进项税额都可以进行抵扣。在这种情况下,"营改增"之前施工项目上所使用的设备可考虑尽量采用租赁的方式取得,待"营改增"税改后再进行购入项目施工所需的通用设备,使得购买设备取得的高额进项税额能够进行抵扣,以大幅减少增值税的应交税费。

但是采取这种税务筹划方案时应注意：首先，与建筑企业集团内部的租赁子公司签订的租赁合同属于关联方交易，设备的租赁价格应着重考虑是否符合独立经济业务交易原则，以消除增值税纳税核算时租赁费用被核定的风险；其次，"营改增"之前已经实施的老项目存在过渡政策时，专门用于"营改增"前已经开始的老项目的施工设备，其增值税进项税不得进行抵扣。

（2）重新签订租赁合同

如果租赁交通运输工具同时配备相应的操作人员，按"营改增"后的规定，属于交通运输业的增值税纳税范围，交通运输工具的出租方可向承租方开具9%的增值税专用发票。

在上述情况下，"营改增"税制改革前已经签订的此类租赁合同在"营改增"税制改革后继续执行则应继续缴纳营业税，此时，交通工具的出租方只能向承租方建筑企业开具营业税发票，承租方的租赁支出无法取得增值税进项税以进行抵扣，从而导致承租方的增值税负担加重。

因此，"营改增"税制改革后，承租方可与出租方进行沟通终止"营改增"之前的租赁合同并重新签订，执行新合同后出租方取得的租赁收入由缴纳营业税改为缴纳增值税。从交通运输工具的出租方取得交通运输业税率为9%的增值税专用发票，这项举措增加了承租方建筑企业增值税进项税的可抵扣额，从而减轻了建筑企业的增值税税收负担。

4.4.5.5　租赁公司的选择

在建筑企业项目施工过程中，经营工程施工机械租赁的出租方大多为个人，"营改增"税制改革后，从自然人手中租赁的工程施工机械设备，由于自然人出租方不能自行开具发票，或由税务机关代开租赁设备的专用发票，导致建筑企业支付的租赁设备款项无法取得增值税进项税抵扣发票，从而间接增加了企业增值税的应缴税额。因此，在"营改增"税制改革后，建筑企业应尽量从专业化的设备租赁公司取得工程施工所需的机械设备，通过这种方式减少支付的工程施工设备租赁款无法取得增值税专用发票的情况。

4.4.6　用工形式的税务筹划

《国税地税征管体制改革方案》中明确规定从2019年1月1日起，包括基本养老保险费在内的各项社会保险费交由税务部门统一征收，员工社保已成为人工成本的重要构成因素。

建筑公司在劳务用工方面要综合考虑实际人工成本,要考虑可能涉及的人员社保、个人所得税、增值税发票、是否允许税前扣除、施工管理等因素,以便做出最佳选择。一般来说,建筑企业的劳务用工有两种形式:一是直接与工人签订劳务合同,需要为职工缴纳社会保险,这也是建筑公司目前主要的用工形式;二是与劳务公司签订《工程劳务分包合同》。

采用第一种用工方式对施工企业会有以下风险:①建筑企业施工工人大多数为农民工,流动性较大,甚至有施工工人与企业没有正式签订劳动合同的情况,导致所发工资得不到税务部门的认可,是不允许作为"工资、薪金"支出在企业所得税税前扣除的;②施工工人情况复杂多变,会涉及代扣代缴个人所得税的税务风险,特别是2019年以来企业在个税申报环节上问题频发;③企业需要为施工工人购买社会保险,施工工人流动性大,使得缴纳社保在实际操作中问题重重,从而增加企业负担以及被税务部门和劳动保障部门稽查的风险;④施工现场需要专业的管理人员,会增加企业的管理成本。相对企业与施工工人签订合同来说,采用劳务分包的用工形式对施工企业更加有利:①分包方开具的增值税专用发票可以进行抵扣;②避免代扣代缴个人所得税;③规避了缴纳社会保险的问题;④减少了人员管理成本。

建筑工人大多是建筑公司招聘或临时聘用的,人工成本占项目总成本的30%左右,这部分支出是无法获得可抵扣的增值税专用发票的,并且现在的人工社保成本也较高。随着实名制用工的推行,人工费用的税务稽查风险较高。若是采用与当地的劳务服务公司合作,把建筑公司的具体人员要求与劳务公司约定清楚,由劳务公司负责组织招聘,进行劳务派遣,并由劳务公司提供相应的增值税专用发票,这样既可以获得可抵扣的增值税发票,又可以规避员工社保问题,避免引起税务部门的稽查。

4.4.7 筹资和投资活动的税务筹划

筹资和投资活动是企业的主要财务活动,而每个活动又涉及纳税义务。比如,从银行贷款付出的利息费用可以在企业所得税税前扣除,具有所得税抵税收益,而股权筹资的股利分配在所得税税后分配,不具有抵税效益,因此,债务筹资相对于股权筹资而言有抵税优势。又如,通过融资租赁,企业可以迅速获得所需资产,同时保留企业的举债能力,而且租入的固定资产还可以计算折旧费用,增加所得税税前抵扣金额,因此,融资租赁的税收抵减效果极其显著。

建筑公司有时会直接选择与当地的个人合作进行机械租赁，但个人是无法提供增值税专用发票的，不能抵扣，会增加企业的增值税负担。对于建筑施工企业常用的推土机、挖掘机等大型机械，建筑公司可以选择融资租赁方式获得。这样既可以减少资金的流出，在会计上又可以计算折旧金额，享受折旧抵税，还可以从租赁公司获得可抵扣的增值税专用发票，减少增值税缴纳税额。

投资管理阶段有相对应的优惠政策。比如，在选择投资地点时，在低税率地区如沿海开发区、高新技术开发区、西部等地区投资，就可以享受税收优惠政策；在组织形式上，选择子公司还是分公司，税收政策是不同的。

合理利用优惠政策是企业税务筹划的重要内容。企业要时刻关注企业与优惠政策的匹配度，筛选出匹配度高的优惠政策，对于某些不符合的部分要想办法调整，以争取享受到优惠政策带来的税收红利。

4.4.8 EPC 合同筹划

EPC 合同是设计采购施工总承包合同，建筑企业受建筑服务购买方委托，按照签订的 EPC 合同实行全过程或若干阶段管理，并对承包项目的工程质量、工程工期、施工安全、工程造价等各个方面全面负责。

4.4.8.1 合同拆分

EPC 合同绝大多数情况下主要包括勘察合同、设计合同、施工合同、采购合同、安装合同等，一般是由具备总承包等级资质的建筑企业与建筑服务购买方所签订。但 EPC 合同中一般未将设计合同、施工合同、设备购买合同分开签订，而单单列示了 EPC 合同的总价款。部分 EPC 合同中虽然分别列示了设计、施工、设备的项目清单，但并未分别列示合同价款。

建筑企业在营业税时期，EPC 合同按照 3% 的营业税税率以合同总价款为合同收入缴纳营业税。而"营改增"后，EPC 合同中包含的设计合同、设备采购合同、建筑施工合同三类合同中，设计业务合同属于增值税应税范围，适用 6% 的增值税税率，设备采购合同适用 13% 的增值税税率，施工合同适用 9% 的增值税税率。

对于拥有资质的总承包方与建筑服务接受方之间的 EPC 合同，由于其适用不同的增值税税率，在增值税征税中属于混业经营行为。根据增值税相关条例的规定，建筑企业所对应不同税率或者征收率的销售收入份额，如果未进行分开核算相应的收入，则要从高适用增值税税率。

为了消除建筑企业混业经营未对相关收入分开核算而导致的从高适用增值税税率的风险,EPC合同的总承包建筑企业可与建筑服务购买方协商,将EPC合同拆分为采购合同、设计合同、施工合同等不同的子合同,并与建筑服务购买方分别签订。

在EPC合同进行拆分的同时,在EPC合同项目会计核算下要分别设立设计合同、设备购销合同、建筑施工合同等合同业务相对应的会计明细核算账目,分别核算EPC合同拆分的设计合同、设备购销合同、建筑施工合同等各项合同收入和相应的增值税。

4.4.8.2 根据税率确定合同价款

由于总承包方建筑企业的EPC合同所包含的设计合同、采购合同、建筑施工合同适用不同的增值税税率,建筑企业可利用税率的高低差异进行各子合同的价款调整,从而进行相应的增值税筹划。

具体筹划方式为:建筑企业通过与建筑服务购买方进行谈判,确定各子合同的合同价款,把EPC合同的总价款在设计合同、采购合同、建筑施工合同三个子合同价款之间进行适当分配。在合理的范围内增加低增值税税率合同(如设计合同)的合同价款,降低高增值税税率合同(如采购合同、施工合同)的合同价款,以达到降低EPC合同收入整体销项税额的目的。

4.4.9 纳税义务发生时间的筹划

在合法的前提下,延缓税款缴纳时间可通过推迟纳税义务发生的时间来实现,这能使建筑企业获取资金的时间使用价值,保证建筑企业的正常生产经营。

一是在与下游企业签订合同时,合同中明确约定以收到发包方支付工程款的日期为开票日,从而推迟发票开具的日期,达到延缓缴纳增值税税款的目的。

二是在采购原材料环节,在签订合同时,合同中明确要求上游供货商在合同、发票、货物同时到达建筑企业再予以对方开票及支付货款,尽可能地获取资金的时间使用价值,延长建筑企业流动资金的使用时间,达到税务筹划的目的。

三是根据政策规定,书面合同约定的付款日期早于实际支付日期或者发票开具日的,则以书面合同约定的付款日期为准。因此,建筑企业在签订合同时应注明收款日期同实际结款日一致,且合同规定的付款日期应尽可能靠后,从而达到延缓交税的目的。要避免出现下游企业还未付工程款,建筑企业就要先缴纳税款的情况。

四是取得货物专用发票后,财务管理人员应及时在增值税发票管理信息系统中进行认证、抵扣,降低当期的增值税税负。

4.5 服务单位税务筹划

4.5.1 增值税税务筹划

4.5.1.1 增值税的销项税额税务筹划

(1) 分类核算不同性质的业务

我国税法规定,企业适用不同税率的业务要分别核算收入,适用于不同税率的业务项目如果未进行单独核算,则要按从高税率标准来征收。服务企业经营范围广,业务种类复杂多样,存在混合经营,其适用的增值税税率也各有不同。其正确的税务处理方式是分清不同业务收入,各项业务收入按照各自适用的税率计算税额;如果没有对不同业务进行分类,就按混合业务中适用的最高税率来计算销项税额。所以,销项税额纳税筹划一个重要的措施就是分类核算不同性质的业务。

财务人员必须对公司混合业务的判断有一个明确的标准,在经营业务谈判、商定价款、签订合同之初提出财税意见,提醒业务人员严格区分不同业务,分别计税,以免在后续的工作中忽略了业务的性质,从高计税,白白增加纳税成本。

例如:某公司2019年12月沥青质量检测识别仪器销售收入为95.73万元,提供沥青路面检测业务收入为52.83万元,购进检测仪裸机进项税额为11.04万元,该进项正常认证抵扣。2019年12月销售业务适用13%的税率,检测业务适用6%的税率,分别计算筹划前后应纳增值税额。

筹划前:合并核算应纳增值税额=(95.73+52.83)×13%-11.04≈8.27万元。

筹划后:分类核算应纳增值税额=95.73×13%+52.83×6%-11.04≈4.57万元。

经过比较,筹划后分类核算比筹划前合并核算少交增值税额3.7万元,节税比例达到44.74%。显而易见,对高低不同的税率业务应该分类确认收入,避免从高计税,这样才能实现纳税筹划的经济利益。

(2) 合理选择销售结算方式

我国税法规定,企业销售商品可以选择不同的结算方式。结算方式不同,收入确认时间不同,从而销售业务纳税义务发生时间不同。只要确认了收入,不管资金是否入账,企业都应该在当期履行纳税义务,上缴增值税款。所以若能在税法允许的范围内推迟业务应税收入的确认,可以迟缓缴纳税金,无疑就为公司增加了一笔流动资金。

例如:某公司2019年12月向A公司销售沥青质量检测识别仪器,销售金额为168万元,A公司已经验收,培训完毕。A公司支付84万元,其余设备款84万元在2020年3月支付结清。假设不考虑增值税进项税额。

筹划前:直接收款方式销项税额=168/(1+13%)×13%≈19.33万元。

对于直接收款方式,货物发出,培训完毕当月,纳税义务形成。2020年1月,A公司应该缴纳税款19.33万元,由于A公司84万元没有支付,所以A公司是垫付税金。

筹划后:分期收款方式销项税额=84/(1+13%)×13%≈9.66万元。

有9.67万元可以推迟到2020年4月纳税期缴纳,推迟了纳税天数90天。

从以上两种方案可知,赊销或者分期收款结算可推迟纳税时间,节约流动资金,获取了税款的时间价值。

(3) 规范发票开具管理

为了避免开票错误,收入确认不合规,应按如下方式进行规范。

① 发票开具前期工作:生产业务科室发出开票申请,开票申请内容应包括客户名称、结算金额、发票类型、客户税号、客户地址、客户账号、拟收款日期,并附上签字生效的合同、货物签收单、培训单、会议纪要等相关开票附件。发票申请除了内容齐全,还需要经过严格的签批流程,需要相关的项目负责人、法务部门、管理层签批同意。

② 发票开具后期工作:发票开具完毕,申请人检查后签字确认领取,需要进行邮寄的做好快递单号的记录工作,并随时追踪快递物流信息,直到发票快递确认签收,传回签收单电子凭据,该发票开具流程闭合。只有做到这样规范化的管理,才能规避开票流程中每个环节可能涉及的税务风险,降低不必要的纳税成本。

4.5.1.2 增值税的进项税额税务筹划

(1) 选择供应商身份

服务单位一般为一般纳税人,但供应商并不全是一般纳税人,也有小规模纳税人或者个体户。物资采购时,如果供货方是一般纳税人,必须提供13%的增值税专用发票;如果供货方是小规模纳税人,可要求其开具3%的增值税专用发票。不言而喻,在报价相同的情况,与一般纳税人合作能够多抵扣税额,降低企业成本,从而增加利润。但是随着市场经济的不断完善,小规模纳税人和个体工商户必然会降低价格以提高自身的竞争力,这种情况下我们就无法直观地看出哪个价格更实惠,而是需要再次测算比较售价以及税额对企业成本的影响,通过找到价格优惠的临界点来判断,从而选定最实惠的供应商。例如:某公司采购一批货物,一般纳税人供应商报价为 L,小规模纳税人报价为 M,个体户报价为 N。假设三种情况下采购成本一致,找到其临界点。

$$L/(1+13\%)=M/(1+3\%) \quad M/L\approx 91.15\%$$

通过以上公式可知,当小规模供应商的报价为一般纳税人供应商报价的91.15%时,两方报价给企业带来的货物成本相等。如果小规模供应商的报价高于一般纳税人报价金额的91.15%,企业向小规模供应商采购货物的成本更高,此时应选择一般纳税人作为供应商,反之则选择小规模纳税人。

$$L/(1+13\%)=N \quad N/L\approx 88.5\%$$

同理,当个体户报价是一般纳税人报价的88.5%时,两方提供的货物成本相同。如果个体供应商报价高于一般纳税人报价金额的88.5%,企业向个体供应商采购货物的成本更高,此时应选择一般纳税人作为供应商,反之则选择个体供应商。

(2) 集中采购物资

为了减少公司员工采购过程中取得普票和收据的概率,日常的办公用品、办公设施、驻地物资、车辆维修、材料油耗等应由公司总部选择一般纳税人企业集中采购,由项目部或使用部门申请领用再随之分配成本费用。这样既提高了采购环节的议价能力,又能与信任熟悉的一般纳税人供应商建立长期合作关系,加强发票合规开具要求的良好沟通。

(3) 加强专用发票取得的必要性宣传

对公司全员加强发票知识的宣传,帮助大家认识增值税发票,让全员意识到取得增值税专用发票对公司减少税金的重要性。业务人员取得发票后,应第一时间对发票的合法合规性进行初步核查,重点检查发票的真伪,发票上填列的公司名称、纳税人识别号、银行账户、地址电话是否正确,发票专用章是否清晰等。公司财务人员在对企业日常费用审核工作中,应加强监督规范专票的取得,对本应取得专票而未取得专票的业务,可以拒绝办理报销事宜,要求重新取得增值税专用发票;对于提出修正意见但仍未改正,造成公司本该认证抵扣的进项税额流失的经办人员进行汇总统计,递交管理层通报批评。

（4）选择合理的结算方式

企业在购买货物时一般有现金支付和赊销两种。企业在进行采购环节筹划时可以选取有利于本公司的结算方式,尽量少用现金支付方式,可以选择商业承兑汇票、延期付款等结算方式,根据对方开具的增值税发票来确定购货成本,并将增值税专用发票上的税额作为当期进项税额进行认证抵扣,但是此时并没有实质的资金支出,无疑是为企业争取到了额外的货币时间价值。

（5）适度外包人力资源

服务行业的成本主要为脑力成本,也就是人力成本,员工薪酬占公司成本的30%以上,而且该成本是无法抵扣的。建议服务公司与具有可靠资质的一般纳税人人力资源服务公司合作,将公司一些不重要、非核心的业务人员需求统一打包给人力资源公司。作为一般纳税人的人力资源公司的劳务外包业务可以开具劳务派遣、劳务分包的增值税专用发票,这样,服务公司原本大额无法抵扣的人力成本不仅有了进项抵扣税额,减少了增值税税金,而且也相应减少了公司的人力资源管理支出。需要提醒的是,根据我国劳动合同法的规定,劳务分包承包公司必须具有相应的资质,在实际操作过程中,为了规避劳务外包可能带来的违法风险,签订劳务分包合同时必须审核承包公司相应的资质证明文件。

（6）规范合同管理

合理签订合同,合理控制税负及风险。可以在签订采购合同中统一规范相关增值税条款,确定供应商身份以及业务性质,并明确标明要先开票,后付款,这样不仅能保证增值税进项税票及时认证抵扣,而且能避免有些狡猾的供应商擅自改变供货单位以及业务性质来达到他们少交税金的目的,避免遭受因供应商不合规纳税导致自身被税务协查的风险。

4.5.2 勘察企业税务筹划

4.5.2.1 地勘单位的基本特点

地勘企业业务对象复杂,大部分需要在野外进行,出现在野外的勘探支出与费用,如修路平场费、青苗补偿费、设备租赁费等大多不能获得增值税可抵扣发票,因此不能进行抵扣。但是以上几部分资金占比较大,在一些勘察项目中,以上费用甚至占总勘察费用的30%,若不能进行抵扣,会给企业带来较大的税负压力。

4.5.2.2 "营改增"后地质勘探税务的改变状况

"营改增"之前,地质勘探单位的税率一般有两种:工程勘探的税率为3%,钻探施工的税率为5%。"营改增"后,地质勘探行业不再是营业税的范围,而被当作现代服务业,一般纳税人税率为6%,小规模纳税人税率为3%。从税率上看,一般纳税人在某种程度上导致税负的增加。

4.5.2.3 地质勘探单位在"营改增"后的应对政策

(1) 积极展开政策宣传

地质勘探单位需要注重税务、财务人员的业务培训,提高员工的自主执行力与政策执行力,还可邀请税务部门相关人员对单位的财务状况予以指导,并进行税务政策知识的宣传,逐步提高税务、财务从业者的工作效率,为税务筹划工作打下坚实的基础。

(2) 增强对物资采购的重视,优化单位的财务管理工作

首先,把原有的分散式、零星的采购模式转变为统一的采购模式,规范采购途径。其次,明确优质客户供应商目录,并及时更新、筛选,便于获得可抵扣的增值税专用发票。最后,要做好业务办理的规范性工作。

(3) 进行单位税负清理,最大化地利用优惠政策

地质勘探单位需要对当地区域税收优惠政策予以足够的关注,积极利用政策优势减少企业税负,并对行业税负展开测算清理,合理进行税务筹划,及时和税务部门展开交流与沟通,并自主申报可适用的税收优惠政策,从而减少税收成本,促进企业发展。

4.5.3 咨询服务类企业税务筹划

4.5.3.1 合理调整纳税人身份

工程造价咨询服务企业如果年销售额低于500万元，可以自主选择是否确认为一般纳税人。选择不同的纳税人身份对工程咨询服务企业的税负、市场竞争地位、社会形象都会产生重要的影响，因此企业不能只考虑减轻税费负担，需要综合考虑多方因素。

工程造价咨询服务公司在处理客户各类缴税纳税问题时需要对客户纳税人身份进行区分。如果客户大多是小规模纳税人，就不用考虑纳税过程中是否进行进项抵扣，客户纳税人身份选择也不会对企业纳税人身份造成影响。但是如果工程造价咨询服务企业的客户以一般纳税人为主，在为客户提供各类服务的时候，就需要对客户能否出具增值税专项发票的能力进行了解，以减少纳税风险。需要注意的是，不管是工程造价咨询服务公司还是服务的客户企业，任何一方处于发展壮大阶段，扩大规模时产生的一部分费用可以被抵扣，企业只要合理调整纳税人身份，就可以有效降低税负水平。

4.5.3.2 调整会计核算方式方法

工程造价咨询服务企业为了能够尽可能地减少税收政策带来的影响，需要及时调整税收方案，调整会计核算方法与方式，在法律允许的范围内，减少税收对企业经营利润的影响。随着税收政策的不断完善，工程咨询服务企业应该结合企业实际与相关规定对财务核算方式进行修正，不断规范财务记录流程。工程造价咨询服务企业的财务管理人员应迅速掌握新型税费政策，分析税费政策较之以往的特殊性，并根据企业的实际发展情况，建立增值税收专项账户，制定完善的增值税收账面明细。

4.5.3.3 提高财务管理水平

工程造价咨询服务企业在不断加强企业税票内部控制的同时，尤其要加强对增值税的管理，要严格按照国家的相关法律法规执行，提高企业内部工作人员的专业素养，如及时了解国家的政策动态，对日常生产经营过程中可抵扣进项税、不可抵扣进项税进行针对性学习，及时、正确依法申报纳税，避免因不熟悉可抵扣的进项税而导致企业面临税务风险。

4.5.3.4　合理利用税收优惠政策

工程造价咨询服务企业应充分利用现阶段国家出台的减税降费措施,比如增值税加计抵减政策,在开展企业生产经营活动中尽可能取得增值税进项税发票,使企业的增值税税负进一步降低,真正享受到国家给企业带来的政策红利。

4.5.3.5　选择性地进行业务外包

在咨询服务类企业的运营成本中,人力成本占了很大一部分,但是这些成本却拿不到增值税进项税发票,无法抵扣增值税,而其他抵扣进项税额也较少,因此这类企业在"营改增"中获益较少,其成本中可抵扣的比重过低,导致税基过高,变相增加了企业税负。这类企业可以考虑将部分无证书或资质的人员外包给第三方专业的公司,从外包公司拿到增值税发票进行抵扣,当然外包也是有成本的,需整体测算是否有利于降低企业税负。

第 5 章

涉税法律风险

建筑行业是我国国民经济的支柱行业,对国民生产总值具有重大贡献。建筑行业资金占用额较大,涉及环节多,建设周期长,在实际运营中面临的税种税政较多,存在一定的涉税风险。目前,随着"营改增"的全面实行,虽然部分建筑企业在内部管理中加入了税务管理,有了涉税风险防范意识,并取得了一定成效,但从整个建筑行业的税务管理现状来看,很多企业的税务管控机制并不到位,无法对涉税风险进行及时、全面的防控,亟须规范与完善。

5.1 "营改增"相关法律法规及解读

5.1.1 "营改增"相关法律法规

《中华人民共和国刑法》(以下简称《刑法》)第二百零五条至第二百一十二条对涉及增值税专用发票相关犯罪进行了明确规定。其中涉及虚开增值税专用发票罪的具体内容如表 5-1 所示。

表 5-1　虚开增值税专用发票罪的具体内容

获刑条件	刑事风险	高额罚金	责任人
虚开增值税票 1 万以上/税款 5 000 以上	三年以下有期徒刑或者拘役	二万元以上二十万元以下罚金	单位主管人员(企业法人、分公司经理、财务主管)和直接责任人(采购人员、项目经理)
虚开的税款数额较大或者有其他严重情节的(虚开增值税票 10 万以上/税款 5 万以上)	三年以上十年以下有期徒刑	五万元以上五十万元以下罚金	
虚开的税款数额巨大或者有其他特别严重情节的(虚开增值税票 50 万以上/税款 30 万以上)	十年以上有期徒刑或者无期徒刑	五万元以上五十万元以下罚金或者没收财产	

《关于适用〈全国人民代表大会常务委员会关于惩治虚开、伪造和非法出售增值税专用发票犯罪的决定〉的若干问题的解释》明确了虚开增值税专用发票的行为。

《国家税务总局关于纳税人取得虚开的增值税专用发票处理问题的通知》对虚开增值税发票问题进行了进一步的阐述。

《增值税专用发票使用规定》对增值税专用发票的具体使用要求进行了明确。

5.1.2 相关法律法规解读

5.1.2.1 相关法律法规理解

增值税发票分为增值税普通发票和增值税专用发票,只有增值税专用发票可以抵扣进项税款。虚开增值税专用发票,构成虚开增值税专用发票罪;虚开增值税普通发票,构成虚开其他发票罪。

(1) 虚开增值税专用发票罪犯罪主体

本罪犯罪主体既可以是自然人,也可以是单位。区分单位犯罪还是自然人犯罪,主要根据以下法律法规。《刑法》第三十条规定:"公司、企业、事业单位、机关、团体实施的危害社会的行为,法律规定为单位犯罪的,应当负刑事责任。"因此,只有法律规定为单位犯罪的,才构成单位犯罪。

同时,《全国法院审理金融犯罪案件工作座谈会纪要》中提到,以单位名义实施犯罪,违法所得归单位所有的,是单位犯罪。由此,可得出单位犯罪就是公司、企业、事业单位、机关、团体在单位意志支配下,为单位牟取非法利益,以单位名义实施的犯罪。

(2) 虚开增值税专用发票构成犯罪

最高人民法院印发的《关于适用〈全国人民代表大会常务委员会关于惩治虚开、伪造和非法出售增值税专用发票犯罪的决定〉的若干问题的解释》中明确规定,虚开增值税税款数额1万元以上或致使国家税款被骗5 000元以上,就应定罪处罚。依照此解释,只要实施了虚开增值税专用发票的行为,达到法定数额,就应以此定罪。因此,该罪是行为犯。

但是,对此问题尚有争议,很多学者认为虚开增值税专用发票罪在主观上必须有骗税、偷税的目的,实务中有些法院也采纳了上述观点。

(3) 非法购买增值税专用发票罪

非法购买是相对于向税务机构合法申领而言的,根据相关法律规定,该罪入刑标准为购买增值税专用发票25份以上或者票面额累计10万元以上。只实施了非法购买的行为而未虚开,构成非法购买增值税专用发票罪。既实施了非法购买增值税专用发票的行为又虚开的,包括为他人虚开、为自己虚开、让他人为自己虚开、介绍他人虚开,则以虚开增值税专用发票罪定罪处罚。

非法购买增值税专用发票的犯罪主体为自然人,在司法实践中,如果企业只实施了购买增值税专用发票的行为,则只对犯罪的个人定罪量刑。

（4）虚开增值税普通发票构成虚开其他发票罪

《中华人民共和国刑法修正案（八）》第三十三条规定，在刑法第二百零五条后增加一条，作为第二百零五条之一："虚开本法第二百零五条规定以外的其他发票（指虚开增值税专用发票之外的其他发票），情节严重的，处二年以下有期徒刑、拘役或者管制，并处罚金；情节特别严重的，处二年以上七年以下有期徒刑，并处罚金。单位犯前款罪的，对单位判处罚金，并对其直接负责的主管人员和其他直接责任人员，依照前款的规定处罚。"因此，虚开增值税普通发票，构成虚开其他发票罪。此罪的犯罪主体既可以是自然人，也可以是单位。

《刑法》认为非法购买增值税普通发票构成持有伪造的发票罪。

5.1.2.2 单位虚开增值税专用发票面临的刑事责任及其他处罚

（1）刑事责任

单位犯虚开增值税专用发票罪，实行双罚制，对单位判处罚金，并对其直接负责的主管人员和其他直接责任人员，判处相应刑罚。对单位犯此罪应判处多少罚金，分则中未明确规定，因此依照总则，由法官根据犯罪情节决定罚金数额。

（2）税务处罚

单位犯此罪，除承担刑事责任外，还面临税务处罚。根据相关法律规定，单位犯虚开增值税专用发票罪，税务处罚要依据单位是否有偷税的情况而作区分：单位利用虚开的增值税发票进行偷税、漏税的，税务机关除追缴税款，还要对单位处以偷税数额五倍以下的罚款，进项税金大于销项税金的，还应当调减其留抵的进项税额。单位未申报税款进行偷税漏税，按照有关规定，按所取得专用发票的份数，分别处以一万元以下的罚款；但知道或者应当知道取得的是虚开的专用发票，或者让他人为自己提供虚开的专用发票的，应当从重处罚。

5.1.2.3 单位实施犯罪后合法经营或者注销的法律责任承担

单位实施犯罪后继续合法经营：单位继续合法经营的，在追诉期限内，仍需对单位进行追诉。2001年1月21日印发的《全国法院审理金融犯罪案件工作座谈会纪要》明确规定：直接负责的主管人员，是在单位实施的犯罪中起决定、批准、授意、纵容、指挥等作用的人员，一般是单位的主管负责人，包括法定代表人。其他直接责任人员，是在单位犯罪中具体实施犯罪并起较大作用的人员,既可以是单位的经营管理人员,也可以是单位的职工,包括聘任、雇佣的人员。

也就是说,单位犯罪,追究刑事责任的人员为参与单位犯罪并起决定等作用的该单位直接负责的主管人员和其他直接人员。所以,司法实践中会对过去直接负责的主管人员以及其他直接责任人员追究刑事责任。

包庇罪是明知道是犯罪的人而作假证明包庇,若单位人员知道此事不举报,并不构成包庇罪,但如果是伪造的发票,可能构成持有伪造的发票罪。

若单位人员明知道是犯罪所得而故意隐藏、转移等,构成掩饰、隐瞒犯罪所得罪。

单位实施犯罪后注销:《最高人民检察院关于涉嫌犯罪单位被撤销、注销、吊销营业执照或者宣告破产的应如何进行追诉问题的批复》中规定,涉嫌犯罪的单位被注销之后,只对实施犯罪行为的该单位直接负责的主管人员和其他直接责任人员追究刑事责任,对该单位不再追诉。因此,司法实践中,涉嫌犯罪的单位被注销,不应追究单位的刑事责任,而应追究直接负责的主管人员及其他直接责任人员的刑事责任。

5.2 "营改增"对增值税发票犯罪的影响

5.2.1 "营改增"产生的影响

税务制度的公平性预期,是涉税犯罪案件能够有效防控的关键。从理论上看,推行"营改增"方案将更多企业纳入征收增值税的范围,对增值税发票犯罪有着一定的抑制作用:一是增加了增值税进项税额的合法抵扣范围,减轻了企业负担,在一定程度上减少了增值税发票犯罪中"买方市场"的需求;二是简化了税制,提高了税收效率,降低了纳税人偷逃税的可能性;三是我国法律对增值税发票犯罪的打击力度较大,体系更完善,在一定程度上对企业有着威慑作用。

但是面对"抵扣"税款的巨大诱惑,增值税历来是经济违法犯罪各税种的重灾区之一。2012年9月,国家税务总局局长肖捷表示,"营改增"后要避免可能出现的虚开增值税专用发票等逃骗税行为。国家税务总局也发布《关于纳税人虚开增值税专用发票征补税款问题的公告》,对"营改增"新收编增值税专用发票相关纳税人进行提醒。"营改增"试点工作全面推开后,转型初期新旧制度的衔接及制度本身的不完善、部分试点行业自身业务的复杂性、原先制度及监管的漏洞等都对增值税发票犯罪产生影响。

(1) 试点期间不同地区税制的不同被利用

在"营改增"试点工作期间,企业所处地区不同,那么对于同一业务的征税制度不同。以交通运输业为例,试点工作开始后原增值税一般纳税人从试点地区一般纳税人取得的"货物运输业增值税专用发票"抵扣率为11%,从其他省市取得的货运票抵扣率为7%。而交通运输行业本身就是跨地区性比较强的行业,可能存在非试点地区的企业让试点地区企业代开或伪造试点地区的"货物运输业增值税专用发票"以满足下游客户的抵扣需求的情况。

(2) 新旧衔接期间的优惠、补贴政策被滥用

在"营改增"试点工作中,一般纳税人中部分企业税负有所上升,各试点地区都出台了相应的过渡性财政扶持资金申请拨付。同时,试点工作期间还提供了有关免税、零税率、即征即退、出口退税等优惠政策。而在实际操作过程中,一些地区不同程度地存在企业虚开发票等现象。有的利用低征高扣政策虚开发票,有的借即征即退、营业税差额扣除等优惠政策骗取税款,有的为骗取财政补贴资金虚开发票等。

(3) 一般纳税人界定标准过高,扩大了增值税发票犯罪空间

根据"营改增"试点实施细则,增值税缴纳一般纳税人和小规模纳税人的界定标准为年应征增值税销售额超过500万元及会计核算健全。据财政部、国家税务总局统计,从2012年试点情况看,在12个省市的102.8万户试点纳税人中,小规模纳税人占79%。将近八成的试点企业排除在增值税抵扣链条之外存在着两个方面的风险。一是扩大了增值税发票犯罪的"卖方市场"。在经济活动中,小规模纳税人往往不积极要求对方开具增值税专用发票,这使得部分拥有大量个人客户或是小规模纳税人的一般纳税人出现增值税进项税额远大于销项税额,拥有大量可以用来抵扣的增值税专用发票,在一定程度上扩大了虚开增值税发票的"卖方市场"。二是部分试点企业小规模纳税人进入增值税发票犯罪的"买方市场"。虽然本次"营改增"试点工作中小规模纳税人的税负下降幅度超过40%,但是小规模纳税人并没有进入增值税的流通抵扣环节,在竞争中处于不利位置,进货环节的进项税金不能抵扣,更为重要的是销售环节不能开具专用发票(即使是在国税代开增值税专用发票,也仅能适用3%的税率),而在同等条件下,一般纳税人却可以开出6%~17%的增值税专用发票。这使得处于竞争压力下的部分小规模纳税人采用找一般纳税人代开

增值税发票的方式来吸引客户、维持经营。

5.2.2 部分试点行业自身业务的复杂性增加了监管的难度

营业税基本上是按营业毛收入征税,不涉及进项扣除,使用普通发票核实收入即可。改征增值税后,情况就会有明显变化,纳税人既要如实核算收入和进项扣除额,又要规范使用增值税专用发票,要比营业税的管理复杂得多。服务业本身存在行业众多、业务复杂等特点。以交通运输业为例,其本身业务的跨地区性、面向的企业和个人多、运费金额小、零星分散、涉及的发票多、劳务服务本身的无形性、提供周期短等都给征管核算带来了一定难度,增加了纳税人利用业务复杂等特点偷逃税的隐蔽性。

5.2.3 原先制度及监管的漏洞因增值税的"扩围"而放大

(1) "以票管税"制度本身的部分缺陷

我国目前在增值税管理中采用的是"以票管税"的办法,实施起来较为简便,但在实施过程中产生了一定的问题。以"大头小尾""对开""环开""代开""变造""伪造"等方式虚开增值税专用发票的现象依旧存在。金税工程逐步取消手工版增值税发票,但也不能完全弥补"以票管税"制度的漏洞,以河南洛阳"3·18"增值税案为例,犯罪分子利用金税工程抄报税系统不能够识别专用发票中的汉字信息的漏洞,疯狂虚开增值税专用发票,涉案金额达272亿元。

(2) 在公司登记管理、一般纳税人资格的审批上存在的漏洞

增值税发票犯罪一般均需经过注册成立公司、申报一般纳税人资格这两个环节。而在实践中,对上述两方面的管理均存在一定的漏洞。随着国家"放管服"政策的落地,某些虚开发票的不法分子往往利用相关政策,快速完成工商注册、税务登记等手续,并且利用临时一般纳税人的身份,在领购发票后快速开具增值税专用发票来谋求不法利益。由于没有实际经营业务,他们在临时一般纳税人期限届满时就转移地点或者另行注册其他公司,作案周期短,不容易被发现,发现后也很难查处。以河南洛阳"3·18"增值税案为例,一个60多人组成的跨省协作犯罪团伙注册或虚构了357家空壳公司,大肆进行虚开犯罪活动。以厦门破获的叶双凯团伙虚开增值税专用发票案为例,叶双凯伙同其余四人先后注册成立5家空壳公司,以虚假农副产品收购发票为进项进行抵扣,虚开增值税专用发票,涉案金额达1.52亿元。

(3) 行政与刑事协作机制的不完善

涉税犯罪案件的侦查不同于普通刑事犯罪案件的侦查，其本身所具有的复杂性和专业性需要作为行政机关的税务部门与刑事侦查部门进行紧密合作。虽然国家税务总局建立了"税警协作指挥平台"，但是对于涉税案件，税务部门是否需要移送，应该在什么时候、什么阶段向公安部门移送，以及在联合执法过程中税警的分工还存在模糊地带，各地、各部门之间存在一定的自由裁量权，这就给实践中两部门的工作带来了一定的困难。以移送为例，过早移送，相关犯罪事实所依据的证据在专业部门调查落实前仅依靠公安自身的力量难以完成；过晚移送，则可能造成后期取证困难等问题，尤其是对属于流动人员的嫌疑人和证人来说更是如此。同时，部门之间合作信息共享平台及相关涉案资源互通信息系统的缺失，也影响了行政与刑事程序的衔接。

5.3 建筑施工企业各个经营环节的涉税风险分析

5.3.1 投标中标环节的涉税风险分析

(1) 联合体投标模式的涉税风险

在联合体投标中，普遍存在"一甲多乙"的联合体承包模式。以联合体的名义竞标并与建设方签订合同，在实际操作中，建设方仅检查联合体中牵头人的价格，收集发票并分配付款。牵头人重新检查联合体中的其他单位，收取发票并分配付款。在这种模式下，联合体的领导者没有与其他各方签订分包合同，可能会出现四流不一致的情况。如果向建设方开具的增值税专用发票的相关内容与应税服务不一致，就存在虚开发票相关的重大税务风险。

(2) 计税方法选择风险

计税方法一旦选定，不能随意变更，一般 36 个月内不允许更改。企业在选择适用的计税方法时实行备案制。如果某企业未分别对"为建筑工程老项目提供建筑服务"和"为甲供工程提供建筑服务"在税务局进行备案，则存在计税方式选择上的风险。

(3) 合同签订的涉税风险

在合同签订过程中，合同条款必须明确双方的权利和义务，约定合同金额、增值税税率等相关信息，明确产生经济纠纷的处理方式等，否则易因约定不明确而产生纠纷。

5.3.2 施工环节的涉税风险分析

建筑施工环节涉税风险主要是各个环节是否能取得合法有效的增值税专用发票。

(1) 跨区域提供建筑服务的涉税风险

《纳税人跨县(市、区)提供建筑服务增值税征收管理暂行办法》规定,纳税人在各县(市、区)提供建筑服务的,应当向建设服务的主管税务机关缴纳税款,并向机构所在的主管税务机关报税。建筑企业提供建筑服务的位置往往不在同一地方,也将由不同地点的税务机关管辖。然而,税务申报表由企业向所在地的主管税务机关提交,申报金额可以扣除提前预缴的增值税。如果采用简易计税方法,该项目需要在施工现场以3%的税率缴纳税款,然后将申报表提交给企业所在地的主管税务机关。如果企业已完成纳税,未按照规定向企业所在地税务机关申报或者未扣除预付部分税款,可能存在被税务机关处罚或缴纳更多税款的风险。

(2) 预收款开具发票的涉税风险

在项目施工过程中,按照合同约定,企业一般会收到建设单位工程预付款,在收到预收款时,企业并没有发生纳税义务,不需要开具增值税发票,只需预缴税款即可。如果企业直接开具了正式发票,就产生了增值税纳税义务,在申报期就要如实申报增值税,产生增值税销项税额与进项税额的倒挂,增加了收到预收账款当期的增值税负担,严重影响资金流。

(3) 工程分包环节的涉税风险

工程分包分为专业分包和劳务分包。建筑项目一般由总承包商完成主要部分,非主要部分或具有专业要求的部分被分配给合格的第三方。如果分包商可以提供合法有效的增值税专用发票,则该分包商对于总承包商来说没有什么重大影响;如果分包商无法提供增值税专用发票,则会给总承包商带来增值税纳税风险。

5.3.3 工程价款结算环节的涉税风险分析

工程价款结算阶段主要涉税风险为纳税义务判定与增值税销项税额确认等。

(1) 纳税义务时间判定上的风险

建筑企业和建设单位签订书面合同后,应税行为发生之前不确认收入,应按合同上约定的付款日期开具发票,并确认收入。但有些建设单位会先索要发票,这样建筑企业往往就会先开具发票,此时就应在开具发票的当天确认收入。如果建筑企业在开具发票之后未在此时确认收入,则可能引发税务风险。此外,部分施工合同在签署时没有指定付款日期,建筑企业的财务人员普遍认为,只有在收到付款时才是纳税义务的纳税确认时间。由于政策理解不一致,可能会存在税款滞纳或少缴税的风险。

(2) 收入确认的风险

① 拖欠工程款未确认收入。在建筑业,拖欠建筑资金现象较为常见,但在拖欠资金的情况下,建筑企业财务人员往往误认为只要建设方的工程款未收到就不需要进行收入确认。也就是说,仅按收多少就开多少的票,对于拖欠的工程款不确认收入,也未开具发票,从而可能产生少缴纳税款的风险。

② 奖励金未确认收入。奖励金包括优质工程款、提前竣工,部分建筑企业将此类奖励金计入"应付福利费"等科目,没有确认收入,从而很可能导致逃税被税务机关处罚。

③ 价外费用的判别风险。合同签订时往往会约定违约金条款,建筑企业财务人员容易忽视违约金部分收入也应该缴纳增值税。另外,对于企业投标过程中退回的投标保证金,对方单位一并支付了利息,同样也要按照6%的税率申报缴纳增值税。

(3) 关于质保金的涉税风险

在项目结算中,建筑企业的合同收入主要包括合同签订时确定的价款以及合同变更的收入、合同索赔和奖励收入,这些收入均以收到款项时计算缴纳增值税。另外,这四项收入的一定比例会作为质保金来收取。质押金、保证金属于建筑业的收入,应当按规定纳税。对于质保金和扣押金部分的工程款,其纳税义务发生时间以建筑企业实际收到款项时为准。但是,建筑企业对于扣押的质保金向建设方开具了发票,则会造成提前缴纳税款、垫付资金的风险。

投标中标环节、施工环节和工程价款结算环节涉税风险分析见图5-1。

5.3.4 其他税务风险

5.3.4.1 企业所得税风险分析

(1) 收入和成本涉税风险

对于企业所得税而言,企业在收入方面可能涉及的风险主要包括:已经实现了的销售收入不入账,长期在往来款项科目上挂账,通过这种做法达到少缴

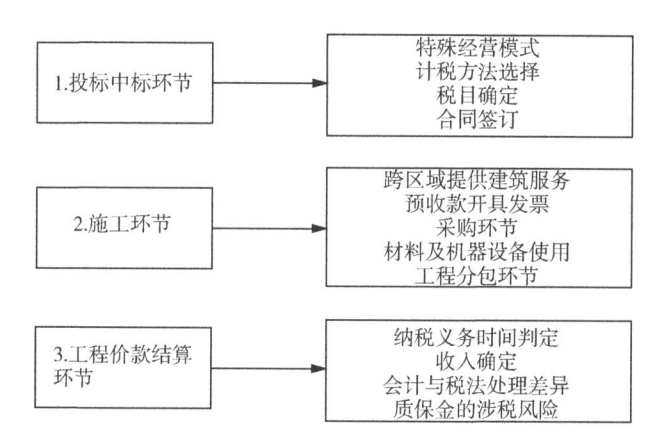

```
1.投标中标环节  →  特殊经营模式
                  计税方法选择
                  税目确定
                  合同签订

2.施工环节  →  跨区域提供建筑服务
              预收款开具发票
              采购环节
              材料及机器设备使用
              工程分包环节

3.工程价款结算环节  →  纳税义务时间判定
                      收入确定
                      会计与税法处理差异
                      质保金的涉税风险
```

图 5-1　投标中标环节、施工环节和工程价款结算环节涉税风险分析

或者推迟缴纳所得税款的目的；企业将自产的商品作为福利或奖励发放给职工或者赠送给他人、股息分配等，所得税申报时未按视同销售处理；可能存在不具有合理商业目的的关联交易，关联交易价格有明显偏低的情况，存在利用关联交易逃避纳税的情况。在成本方面，企业可能涉及的风险主要包括：计入产品成本的直接材料、人工费用等是否真实、计价是否准确，结转生产成本时是否具有合法的原始凭证；对于成本的归集，是否严格按照会计准则的规定在各种产品、各个部门进行分类、汇总；制造费用在各产品间分配是否合理。

(2) 期间费用涉税风险

销售费用涉及的风险主要有：是否超范围列支销售费用，如将代垫的运杂费、赞助支出等列入销售费用；支付的广告和业务宣传费是否超出扣除标准而未按规定进行扣除，是否取得合法有效的凭证；手续费及佣金的开支是否存在超标而未作纳税调整；是否虚列销售费用或将支付的回扣列入销售费用。

对于管理费用的涉税风险，应主要关注：职工教育经费、工会经费和职工福利费的支出是否符合规定，是否超出了所得税扣除限额的规定，在纳税申报时是否进行了纳税调整，业务招待费是否真实合理，申报时是否按税法规定作了相应调整。

财务费用涉税风险主要包括：企业对利息支出的扣除是否符合税法规定；是否存在将符合资本化条件的借款利息费用作为费用当期直接扣除；支付给关联方的利息是否符合接受关联方债权性投资与其权益性投资的比例规定。

(3) 企业所得税免税所得涉税风险

免税所得涉税风险主要包括：企业国债转让收入征收企业所得税，国债利息收入免征所得税,企业在转让国债时是否正确划分利息收入和转让收入;是否正确核算符合免税条件居民企业之间的股息和红利等收入;取得的政府补贴收入是否符合免税条件,若符合免税条件,其所形成的费用是否存在税前扣除的情况;投资收益是否符合免税条件,是否存在将企业其他应税收入混入免税的投资收益中。

(4) 固定资产涉税风险

固定资产涉税风险主要包括:固定资产计提折旧的方法和年限是否与税法的规定一致,若不一致,是否已作纳税调整;融资租入的固定资产是否按会计准则,作为自有资产进行账务处理;增加的固定资产是否取得合法有效凭证、入账价值是否符合相关税法规定;减少的固定资产是否按规定及时作出处理,固定资产清理取得的收入是否按规定入账;对于企业的资产损失是否按规定向主管税务机关进行了清单或专项申报。

(5) 待摊费用涉税风险

待摊费用涉税风险主要包括:是否存在待摊费用的摊销方法和摊销期限不符合税法规定的情况;是否存在将待摊费用本应分期税前扣除却在当期一次性扣除的情况;是否存在将属于本期的费用或成本调整到待摊费用科目,利用待摊费用人为调节企业当期利润的情况;长期待摊费用是否取得了真实合法的票据。

(6) 营业外收支涉税风险

营业外收支包括营业外收入和营业外支出。营业外收入涉税风险主要包括:是否存在罚款收入和税费返还等营业外收入不入账的情况;是否将无法支付的款项按规定转作营业外收入。对于营业外支出涉税风险,应重点关注:企业捐赠行为是否符合税前扣除条件,是否超出税法规定的限额税前扣除;对于行政罚款、税收滞纳金等按照税法的规定不得在税前扣除的项目,在纳税申报时是否作了纳税调整;按税法规定,与生产经营无关的支出不得在税前扣除,如股东的个人消费,企业是否作了扣除处理。

(7) 税收优惠涉税风险

税收优惠涉税风险主要包括:企业没有及时学习和了解税收优惠政策,没有向税务机关做减免税申请或备案,造成企业未能享受到税收优惠;我国税收优惠政策繁多,企业如果对相关税收法规不了解,就不能充分利用税收优惠政策。税收优惠的另一涉税风险是企业符合税收优惠条件,但由于企业会计处理不符合规定而未享受,多缴纳了税款。如对于研究开发费用的加计扣除,企业应对研发支出与其他费用支出分别核算,若未按规定核算就可能造成不能享受税收优惠。

5.3.4.2 个人所得税的涉税风险

个人所得税在每个企业都存在涉税风险,但建筑企业有其特殊性。一是由于建筑行业的特殊性,对资质要求较高,对技术依赖性强,很多职工在企业外还有收入,如挂靠资质获得的非法所得、在其他公司兼职等。一旦税务机关查询起来,企业作为代扣代缴人也必然受到牵连。二是很多企业容易忽视一些现金发放的收入,例如购物卡、油费补助、建筑企业特有的项目中标提成奖励、提前完工等津贴、补助及福利性收入,这些收入都应由企业及时代扣代缴申报。三是对于劳务派遣用工的个人所得税由谁代扣代缴,按照工资薪金所得还是劳务报酬所得代扣代缴,如果不能明确,则存在涉税风险。

5.3.4.3 印花税的涉税风险

建筑企业的印花税风险在于合同和营业账簿,其中最主要的风险在于合同。而合同之中,首先关注总分包合同。建筑企业一般会将工程中的劳务分包给劳务公司,这样它能取得增值税发票进行抵扣,也会把防腐、保温、防水等专业性工作分包给有相应资质的分包公司进行施工,分包合同的印花税税率是万分之三。如果说总包和建设方的买卖是一级市场,那么对于总分包的二级市场监管就不如一级市场那么严,因此对于他们的合同印花税执行力可能就不强,存在涉税风险。同样在非甲供、甲控的材料采购合同中也一样。其次关注的是机械设备租赁合同。建筑企业施工过程中需要用到很多大型的、高价值的机械设备,一般不会直接购买,而是租赁。企业要是忽略缴纳税款,则存在涉税风险。最后关注的是设计合同。从事建筑施工的企业一般没有设计合同,但是一些大型的、多元化经营的建筑企业,旗下同时拥有房地产开发公司、设计公司、材料公司等,就会承包一些 EPC 工程。EPC 合同就涉及设计、采购、施工等多个阶段,每个阶段印花税税率不一样,若未分别核算印花税,则存在涉税风险。

5.3.4.4 房产税的涉税风险

关于建筑企业的房产税涉税风险,主要有以下几种。一是未分别核算自用房产和出租房产。施工企业在外地项目施工期间,由于房产空置,便出租房产用于其他企业办公,而混同自用办公房产一并按从租或者从价计征择低选择计算,则企业存在房产税的涉税风险。二是利用税收优惠条件变更未缴纳税款。在施工过程中,工地上的那些工棚、材料棚和办公室、食堂等临时性房屋,按照税法一律免征房产税。但工程施工结束后,对于这种临时性房屋,建筑企业选择交还或转让给建设单位的,应从建设单位接收的次月起依法纳税。

5.3.4.5　土地使用税的涉税风险

在项目施工期间,项目部一般会自行搭建活动板房或者租用他人房屋,对不同情况下的纳税义务要区分开来。同时,建筑企业在施工期间修筑的地下建筑物用以发电、储存材料等辅助施工的,按照税法规定也均应该列入土地使用税的缴纳范围,按地下建筑垂直投影地面的面积计算缴纳土地使用税,否则企业存在涉税风险。

5.3.5　风险产生原因及应对策略

5.3.5.1　风险产生原因

(1) 税务风险管理意识薄弱

建筑企业产生税务风险最重要的原因是税务风险意识薄弱或者说重视程度不够。建筑企业日常大多对项目招投标和企业盈利情况比较看重,而忽视了包括税务风险在内的其他风险。很多企业认为,税务是财务的一部分,应由财务部门全权负责税务风险管理工作,重视程度不够可见一斑。

(2) 管理混乱,核算水平低

建筑企业管理混乱体现在:集团公司管理建筑子公司,建筑子公司管理项目部或项目公司,项目部作为施工基础单元,可能在职能方面未全部匹配,比如一个项目部的财务部只有一名会计员工,需要对接的公司部门却有财务、税务、法务、成本、合规等,这就对基层员工提出了较高的要求,一旦出现差错就是风险隐患。对于众多建筑小企业来讲,项目部的财务部更多是公司层面的会计兼任,公司账面和项目账面"一把抓",未能按照会计核算独立的要求,因此更具风险。对于核算水平低下的建筑企业来说,不能及时进行财务核算来支持税务管理工作,易产生较大的风险。

(3) 企业税务专业人员缺乏或专业素质不足

建筑企业是劳动密集型企业,工资普遍偏向"劳动力"聚集的工程部、机械部等,财务部总体来说工资不高,导致建筑企业内留不住财务、税务专业人才。企业税务人才无过硬的本领,在处理较为复杂的税务问题时只能参照同类公司的处理方法或者适用旧法,又或者是临时咨询第三方财务公司。对于建筑企业来说,缺乏专业的税务人才就无法充分利用税收优惠政策,更谈不上税务筹划,也是一种风险。

5.3.5.2 法律风险对策

(1) 投标中标环节税务风险管理

① 联合体模式管理。

联合体经营模式下有两种方案。第一种方案:联合体各方分别与建设方发生合同关系、资金关系、发票关系以及物流关系。在合同流程方面,当联合体与施工方签订合同时,它明确了联合体的工程界面、工程任务、定价和金额。当施工过程涉及工程界面的变化和各方之间的工程认量变化时,建议签署联合协议。为了确保每张发票的金额、收到的金额和合同的内容是一致的,符合增值税管理要求,在资金流动方面,建设方根据合同要求将资金汇给联合体中的各方。就发票流量而言,联合体的各方向建设方开具发票。在定价方面,建设方分别侧重于联合体的各方。第二种方案:建设单位与施工单位签订总承包合同,施工单位与联合体其他单位签订专业分包合同,形成增值税专用发票扣除的闭环。

② 合同签订的管理。

劳务、采购等分包合同签订的对方单位需要从本企业供应商备选库里产生,选择与信用状况良好且经常发生往来交易的下游供应商。由于增值税税收管理体系在不断调整,国家根据宏观情况会适当调整税率,合同签订时要明确国家政策对税率调整涉及合同金额的影响情况,避免因税率调整引起涉及合同金额方面的经济纠纷。

(2) 建筑施工环节税务风险管理

① 跨地区提供建筑服务的税务风险管理。

建筑企业提供跨地区的建筑服务,并按照规定的纳税义务时间和征收方法向工程所在地的国家税务机关纳税。税务申报应当向机构所在地的国家主管税务机关申报,并扣除预付部分的税款,避免全额纳税。建筑企业在同一市区内或计划城市内的地级行政区域内提供建设服务的,主管税务机关应当决定是否适用上述措施。

② 预收款的税收风险管理。

对于预收款的开票问题，建筑企业收取的奖励和预收款在签订合同前后的会计处理方式不同，税收处理方式也不同。在合同签订之前，如果将此部分收入计入其他应付款，则不需要预缴增值税；签订合同后，该款项的性质发生了变化，应确认为预收款，会计核算时也相应地转为"预收账款"，款项的性质一旦发生转变，即要求预缴增值税。因此，要进行正确的会计处理，避免因不当处理遭受罚款或因提前提供增值税发票而提前征税。

③ 工程分包环节的税务风险管理。

不同计税方法核算的风险管理。在会计处理和所得税处理上，施工企业以全部承包款为收入，分包给下游供应商的金额作为成本处理。在增值税处理上，分别有以下两种情况。如果纳税人采用的是简易征收方法核算，其增值税的销售额等于总包合同中约定的全部价款和价外费用减去分包款，简易征收方法实行差额征税。在此需要注意的是，扣除分包合同时，必须获得合法且有效的凭证，分包发票的备注栏必须填写正确的项目名称和项目地址，避免发生跨项目进行分包发票差额扣除情况。如果纳税人采用一般征收方法核算，增值税的销售额不能扣除分包款。一般计税按取得下游发票的进项税额通过认证比对之后扣除，销项税额与进项税额之间的差再减去项目发生地预缴的增值税，余额为该项目应该缴纳的增值税。

违约金或赔偿金的风险管理。选择一般征收方法征收增值税的总承包商和分包商签订分包合同中的违约金或赔偿条款，必须规定：当总包违约时，向下游供应商支付违约金，下游供应商必须开具9%的增值税专用发票（如果是专业分包）或3%的增值税发票（如果是清包工合同）。如果下游分包商违约，总承包商从支付下游供应商的项目中扣除下游供应商向总承包商支付的违约赔偿金或补偿金。

总承包商仅向下游供应商提供收据而不开具发票。一般合同对下游供应商收取的配合费必须在与下游供应商所签订的合同中规定：总承包方向下游供应商提供6%的增值税发票，货物或劳务名称为现代企业管理服务。

劳务分包的风险管理。在对外采购劳务时，应选择具有正规资质的劳务公司进行合作。由于劳务公司存在较多的"挂靠"行为，建筑企业在签订劳务分包合同时应在合同条款中明确合同双方的责任和义务，注明劳务款项的支付时间、发票的提供时间以及提供何种形式的发票。一旦劳务公司提供了假发票，该劳务公司应承担给建筑公司带来的一切经济损失。

(3) 工程价款结算环节的税务风险管理

① 时间判定及收入确认的管理。

根据税务管理系统中的发票管理和控制模块,收入确认的时间严格按照合同确定。当前应缴纳税金额必须根据约定的日期和约定的金额计算。施工企业应当与项目建设单位进行结算,增值税纳税义务时间为双方确认的项目结算书签订之日。但是,如果建筑公司没有收到建设单位支付的工程款,那么有两种情况:如果项目结算声明或施工合同未指明未来收取承包商欠项目部分付款的时间,则增值税纳税义务时间为签署项目结算声明的日期;如果项目结算声明表明未来收取承包商欠项目部分付款的时间,则增值税纳税义务时间为项目结算声明或施工合同中指明的未来收款时间。建筑企业必须在承包合同中明确建设单位工程款支付时间,避免因工程款拖欠而垫付资金,提前产生增值税纳税义务。

② 对于质保金的管理。

建筑企业普遍存在质保金的情况,而且质保金涉及年限较长,一般为5年甚至更长时间。建设单位往往会扣留施工企业结算价款的5%作为质保金,待保修期限满,方才付款。根据规定,质保金如果开具发票,其纳税义务发生时间为收到该笔款项的时间。也就是说,如果质保金所对应金额的发票并没有开具给建设单位,企业则没有形成纳税义务,也不用就此部分金额缴纳税款。但是,建筑企业在实际经营中,更多的情况是业务强行要求提供开票,若协商无果,那么施工企业只能与建设方商定能否先支付税金部分金额,以最大限度地避免企业现金流流出企业。

5.4 小微建筑企业纳税风险

5.4.1 小微建筑企业与大型建筑企业的划分标准

税收统计的企业划分类型以《中小企业划型标准规定》(工信部联企业〔2011〕300号)为依据,具体分为大型、中型、小型和微型四种类型。其中建筑业规定营业收入80 000万元以下或资产总额80 000万元以下的为中小微型企业。本书所指小微建筑企业,即力量薄弱,除营业收入80 000万以上的大型企业以外的建筑企业。目前,我国小微建筑企业约占全部建筑企业总数的90%,约完成整个建筑行业70%的建筑产值。小微建筑企业为社会提供了大量的就业机会,也为发展国民经济、增加国家财税收入作出了突出贡献。小微建筑企业在我国的建筑市场上已经处于主力军的地位,并已成为大型建筑企业的重要依托。

5.4.2 小微建筑企业纳税风险

5.4.2.1 简易计税中的风险

根据《增值税暂行条例》第九条纳税人在购进货物以及应纳税的劳务中,如果其所取得的增值税扣税凭证与法律法规以及国务院主管部门有关规定不符的,则进项税额不能从销项税额中抵扣。目前小微建筑企业应当适用于简易计税的,往往并未进行简易计税,而根据我国2017年的财税规定,项目建设在以自身渠道进行采购相关建筑材料的,统一使用简易计税的办法。如果小微建筑企业对"营改增"后的这一规定存在错误认知,那么有可能会面临难以从进项税额中抵扣的风险。当然也有部分企业存在不应当简易计税的项目而采取简易计税的做法,同样违反了《税收征收管理法》第六十三条的规定。

5.4.2.2 收入确认风险

部分建筑企业相关人员对增值税相关税收知识了解不深,或者为了逃避税款,出现了部分小微建筑企业不能及时足额申报款项或隐瞒税收等问题,还有的小微建筑企业纳税人试图私自调整企业的月销售额度,以此来享受国家的优惠政策。我国目前的税制规定,月收入额不足3万元的小微建筑企业可享有一定的税收优惠政策,在这种情况下,部分小微建筑企业可能会通过分解经营项目的办法来试图满足这一条件,以达到逃税的目的。一旦采用以上方式来避税或逃税,就会面临被税务机关追缴的风险,甚至会面临较为严重的罚款或刑事处罚。

5.4.2.3 差额纳税中面临的风险

差额计算办法适用于分包业务,当建筑企业拥有较大规模的分包业务时,分包业务的相关款项可以从总工程承包款中进行相应的扣减。但是,如果建筑企业对此问题处理不当的话,则有可能会违反相关法律规范。例如,企业在选择计税方法时,因对现行的税收管理规范不清楚或者为了尽可能地少缴纳税款,将收到的增值税专用发票私自用于一般计税项目的增值税抵扣,达到

"一票两用"的目的：一方面作为差额扣除的凭证，另一方面又作为抵扣进项税额的凭证。也有的建筑企业，在其签订的相关合同条款中，除了签订劳务派遣合同，还同时签订劳务分包合同。在这种情况下，分包中的款项实际上是不包括另外再签订的劳务派遣合同中所约定的费用。如果在劳务派遣合同金额的相关收入中进行扣减，则有可能存在漏税风险。差额税收的扣税凭证主要包括财政票据、签收的单据、完整的发票等材料，如果缺乏对扣税凭证的有效鉴别，建筑企业很有可能会出现私自编造扣税凭证来偷逃税款的问题。

5.4.2.4 发票管理中存在的风险

增值税改革后，对发票的管理要求发生了很大的变化。建筑行业需要在"以票控税"的基本规范下进行。所有增值税项目都要凭票来进行税收的抵扣，凭票入账。根据我国增值税相关管理办法，企业所报请的增值税发票如果不符合相关规定，则有可能会面临相应的违规处分。我国的相关税收法案规定，企业所购买的货物、应支付的劳务款项，以及其他所应当支付相关款项的单位应当与其所销货物的单位、供给劳务的部门相统一，在此基础上才能够报请抵扣税额。根据国家税务管理的相关规范，发包方和建筑企业之间签订了相关合同以后，通过内部授权或者其他方式，如三方协议等授权给其他纳税人为发包方提供服务，且发包方和第三方直接进行结算的，应当由第三方开具专用的增值税票据，同时由第三方负责缴纳增值税款，而发包方则可以通过第三方所提供的增值税专用发票抵扣相关税款。如果发包方没有及时接收增值税专用发票或者增值税专用发票并未在第三方和发包方之间进行有效的递送，则有可能会导致难以抵扣增值税进项税的风险。

5.4.2.5 虚开增值税发票风险

在建筑行业中，建筑所用的相关材料，如钢筋、水泥、木材等如果超出了一定的运输范围，就有可能造成成本增加，这并非经济的选择。我国建筑行业对混凝土、防水材料、水泥、木材等有可能影响人体健康的材料有严格的规定。在没有进场检验资料或经营管理不规范以及舍近求远的行为中，有可能存在虚开增值税发票的风险。虽然我国现在由营业税改为增值税，但对于企业而言，其内部的经营管理规划、财务管理方案可能并没有及时地进行相应的调整，难以与当前的"营改增"税制完全吻合，以至于"营改增"政策的效力没有得到真正的发挥，在抵扣链条上仍然无法将各个环节完全疏通。因此，部分企业,特别是小微型建筑企业有可能会产生税负加重的现象。为此,一些小规模的建筑企业可能不顾风险虚开增值税发票。企业会面临罚款、补交税款、加收滞纳金等处罚,相关法人和直接的纳税者都有可能受到严重的处罚,如管制、判处有期徒刑等行政或刑事处罚。

5.4.2.6 跨期合同扣除风险

根据我国当前"营改增"相关管理规定,有效的凭证可以以差额化的方式进行扣减,然而相对工程周期较长的建筑行业来说,极有可能出现在工程中所用的基础设施、设备等款项难以扣除的问题。当前为推行"营改增"税收管理规范而制定的细化条例并没有充分考虑到建筑企业本身的特质,在这种情况下,诸多建筑企业无法将跨周期较长的合同中有关营业税的部分与当前的增值税抵扣办法进行有效的衔接,从而出现推高小微建筑企业纳税成本的问题。

5.4.2.7 跨区经营预缴风险

在原有的营业税税收管理体制规范下,营业税应当在建筑企业的所在地进行缴纳。当建筑企业跨区域进行相关项目时,应当由其所在地的税务部门完成税收的收缴工作。推行"营改增"以后,为了平衡地方税种和税源,政府出台的相关文件中规定,纳税企业在进行工程项目时,应当主动向劳务产生地的税务机关进行税款的预缴。在此之后政府文件中对这一规定进行了简化,如在同一市不同区提供建筑服务的,可以在机构所在地完成税款的缴纳工作,但是未按期申报预缴税款的,仍将受到税务机关的处分。

5.4.2.8 挂靠经营纳税风险

以往建筑企业存在挂靠的现象。这里所指的挂靠经营,事实上是一家建筑企业以另一家企业的名义承揽工程业务。相对而言,建筑行业的挂靠一般不具有透明性,而是在私下里进行,挂靠项目被隐瞒的现象相对较多,因此纳税主体并不清晰。在营业税税收管理体制下,被挂靠单位与挂靠单位之间只开营业税发票,来互相抵消挂靠费用。而在我国推行"营改增"税收管理体制后,建筑行业的承包方如果以其他单位的名义承揽业务,必须以其他单位的名义缴税,也就是以被挂靠单位的名义进行缴税,被挂靠单位即为纳税人。在增值税发票管理方面,由代开转变为自开,而且"营改增"后税收部门对发票的开具进行了更为严密的监控,对于专用发票和管理单位等不一致的现象进行了更为严厉的查处,而在建筑领域,承包方和被挂靠方之间的不当交易行为更容易被税务机关查处,因而面临较大的挂靠经营风险。

5.4.2.9 成本进项抵扣风险

建筑企业一般来说规模较大,原材料以及加工整装等方面环节多,涉及面广,业务的复杂程度也相对较高,因而可能存在上下游计费方式不一致的情况。例如,在上游环节中,企业很可能采用了简单计税方法,按照3%的税率进行抵扣,而下游采用一般计税方法,要按照9%的规定进行增值税的缴纳。另外,当前我国建筑行业成本结构中,建筑、材料一般占25%,人工费用则占到了30%,但是在增值税管理体系下,人工所产生的劳务费用事实上难以取得专用发票。尽管现在部分中小规模的建筑公司把劳务人工费用从工程项目中剥离出去,设立独立于工程项目的劳务部门,但是这一过程必然在一定程度上增加了原本资金压力就相对较大的小微建筑企业的管理成本以及缴税成本。

5.5 建筑企业税务管控应对措施

随着经济社会的不断发展,税务政策不断调整,增值税税率不断降低,阶段性税收优惠政策陆续颁布,企业应与时俱进,制定适应新税制的相关政策,充分享受到政策红利,增强企业的经营活力。

5.5.1 建立完善增值税管理体系,规范财务核算

增值税管理的重点是进项税的管理,建筑业生产涉及环节多、人员广,如果没有合理的增值税管理体系,则税务管理效率低下,涉税风险增大,营业利润自然降低。规范的增值税管理体系要符合"三证统一""四流统一""三价统一"的基本原理,这样有利于保证"营改增"后企业平稳、顺利地运行。同时要加强税务人员的培训,规范税务操作,合理筹划税务,而不是局限于会计核算和缴纳税款环节。税务管控原理表如表5-2所示。

表5-2 税务管控原理表

三证统一	法律凭证、会计凭证和税务凭证相统一
四流统一	合同流、资金流、票流和物流(劳务流)相统一
三价统一	合同价、发票上的金额(简称发票价)和结算价相统一

根据我国现行税法的相关规定,如果一般纳税人会计核算不健全,税务核算不合规,或者不能提供准确税务资料,则应当按照企业适用的增值税税率(13%、9%、6%)直接计算当期应纳增值税,不得抵扣进项税额。

5.5.2 加强抵扣凭证管理

关于抵扣凭证,《营业税改征增值税试点实施办法》做出了明确规定,符合要求的"三票一证"(增值税专用发票、海关进口增值税专用缴款书、农产品收购发票、农产品销售发票和税收缴款凭证)可以抵扣,资料不全的、不符合相关规定的凭证不得从销项税额中抵扣。

因此,抵扣凭证的取得和管理直接影响着增值税税额的大小,建筑企业应该着重加强进项税额抵扣凭证的管理。

5.5.3 严格发票管理,防范涉税风险

我国的税制逐渐完善,税收的征缴越来越规范,税收管理的法制化水平也越来越高,企业如不及时、全面跟进,将会引起涉税风险。

为规范增值税的征缴,国家实施了"金税工程"。该系统体系完善,上到国家税务总局,下到各省、地、县国家税务局,各级均有计算机网络进行监管;增值税防伪税控开票子系统、防伪税控认证子系统、增值税稽核子系统和发票协查子系统四个子系统对增值税的征缴进行严密监控。

统计数据显示,企业负责人涉税犯罪,70%以上涉及虚开增值税专用发票,我国在刑事立法上针对虚开增值税专用发票定罪量刑十分严厉,因此,企业要严格发票管理,严防涉税风险,不能"贪小利、吃大亏"。

建筑企业应该结合自身实际,积极查明企业存在的税务风险点,并制定相应的风险防范措施,降低税务风险。

5.5.4 重塑业务流程,合理开展税务筹划

"营改增"促进了建筑行业的细化和专业化发展,减少了重复征税,提高了生产效率。"营改增"后,建筑企业可以扬长避短,将自身技术不成熟的部分服务进行外包,将重点放在自身最为擅长的领域上。例如,企业可以比较自营运输队运输费用支出与委托运输企业发生的运费,测算二者的税负差异,进行业务流程的调整优化。

企业在进行业务流程优化的同时,要利用"营改增"带来的税务筹划空间

进行合理的税务筹划。要深入解读政策规定，合理选择纳税人身份，交付、结算方式及纳税时点。例如，在增值税体系下，供给方的纳税人身份直接影响购货方的增值税税负。对于一般纳税人购货方来说，选择一般纳税人作为供给方，可以取得增值税专用发票，实现税额抵扣；如果选择小规模纳税人作为供给方，取得的是小规模纳税人出具的增值税普通发票，购货方不能进项抵扣。而纳税时点的筹划，则可以为企业赢得时间，如若能推迟缴纳税款的时间，则无异于获得了一笔无息贷款。

5.6 案例分析

5.6.1 案例一："三流不统一"的涉税风险分析

5.6.1.1 案例介绍

云南某房地产公司与建筑装修公司签订了包工包料合同，合同金额为1 000万元（不含增值税），材料费用为800万元（不含增值税），劳务费用为200万元（不含增值税）。该建筑装修公司向材料供应商采购材料，价款为800万元。为了节省税负，建筑装修公司通知房地产公司向材料供应商支付材料采购款800万元，材料供应商向房地产公司开具了800万元的增值税专用发票。工程完工后，建筑装修公司与房地产公司进行工程结算，结算价为1 000万元，房地产公司支付建筑装修公司200万元劳务款，建筑装修公司开具增值税专用发票200万元（不含增值税）给房地产公司。

房地产公司财务人员将材料供应商开具的800万元增值税专用发票和建筑装修公司开具的200万元增值税专用发票算进开发成本，结果在进行增值税抵扣时，税务部门不同意材料供应商开具给房地产公司的800万元增值税专用发票在增值税销项税前扣除。请分析800万元的增值税专用发票为什么不能在增值税销项税前抵扣。

5.6.1.2 涉税分析

《国家税务总局关于加强增值税征收管理若干问题的通知》（国税发〔1995〕192号）第一条第三项规定："购进货物或应税劳务支付货款、劳务费用的对象。纳税人购进货物或应税劳务，支付运输费用，所支付款项的单位，必须与开具抵扣凭证的销货单位、提供劳务的单位一致，才能够申报抵扣进项税额,否则不予抵扣。"

根据此规定,如果房地产公司与建筑装修公司签订包工包料合同,则建筑装修公司必须对施工过程中所耗的建筑装修材料依法缴纳增值税。也就是说,本案例中建筑装修公司与房地产公司签订包工包料合同,结算价为1 000万元,应该给房地产公司开具1 000万元的增值税专用发票。而案例中的房地产公司向材料供应商支付800万元货款,材料供应商向房地产公司开具800万元的增值税专用发票;建筑装修公司向房地产公司收取200万元劳务款,开具200万元的增值税专用发票,虽然满足票款一致,但与合同不匹配。

因为房地产公司没有向材料供应商采购材料,即房地产公司与材料供应商没有签订材料采购合同,房地产公司是替建筑装修公司支付材料采购款的,材料是建筑装修公司采购的(建筑装修公司与材料供应商签订800万元的采购合同),800万元增值税专用发票应当由材料供应商开给建筑装修公司,建筑装修公司应该全额开票1 000万元增值税专用发票给房地产公司。所以房地产公司和建筑装修公司虽然票款一致,但不符合"三流统一"(房地产公司缺少800万元的物流,建筑装修公司800万元的物流,缺乏800万元资金流和票流)。

5.6.1.3 分析结论

企业在经济交易活动中,票据开具必须与合同保持匹配,必须保证资金流、票流和物流(劳务流)相统一。房地产公司"三流不一致"分析图如图5-2所示。

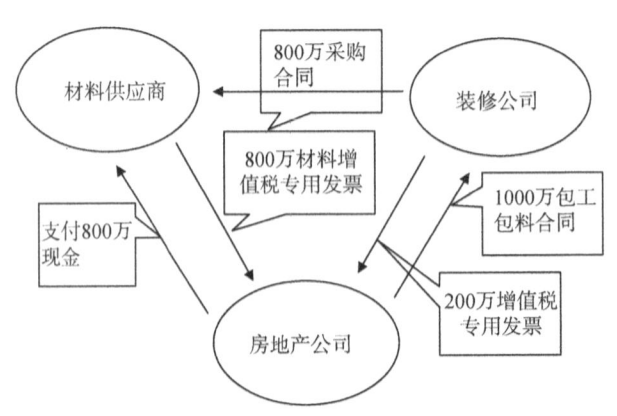

图5-2 房地产公司"三流不一致"分析图

5.6.2 案例二:贪小利,吃大亏

5.6.2.1 判决处理

① 案件名称:吉林某管道工程总公司涉税案。
② 违法性质:开具假发票偷逃税款。
③ 判决处理:2014 年 6 月,海南省地方税务局第五稽查局依法对吉林某管道公司作出税务处理、处罚决定,追缴各项税费 94.42 万元,加收滞纳金 64.41 万元,并处罚款 46.41 万元。

5.6.2.2 违法事实

海南省地方税务局第五稽查局对某发电股份有限公司东方电厂(以下简称电厂)的发票进行检查时发现,吉林某管道公司向电厂提供了五张建安工程假发票。海南省地方税务局第五稽查局于 2014 年 3 月 3 日至 6 月 3 日对吉林某管道公司进行了立案检查。经查,吉林某管道公司向电厂开具的五张建安工程假发票系收取 2009—2010 年工程进度款,票面金额合计 17 863 434.00 元,偷逃营业税金及企业所得税等。

海南省地方税务局第五稽查局已依法将查补的税款、滞纳金、罚款合计 205.24 万元全部追缴入库。

5.6.2.3 案例分析

按常理来说,本案中电厂和吉林某管道公司都不是小型公司,会计核算和税务水平应该都不低,但吉林某管道公司还是因小利开具假发票来偷逃营业税及其他税款。

"营改增"后原先建筑业存在的假发票现象会因为增值税防伪税控系统的存在而无处隐匿。但是虚开增值税发票用于抵扣是一些人认为低成本、高收益的事,所以未来虚开增值税发票的案件可能还会在建筑业出现。与假发票不同,恶意虚开增值税发票在我国是重罪,与案例中只进行经济处罚是不同的,财务等主要责任人员将面临刑事处罚。建筑业长期以罚代管的时代已经改变。

5.6.2.4 本案启示

建设工程项目投资巨大,税基很大,营业税及附加对施工企业来说是一笔不小的开支。为了追求利润最大化,一些施工企业不惜冒着风险利用假发票偷漏国家税款,造成国家税收大量流失。这类违法行为是公安机关和税务机关重点打击的对象,一经查实,纳税人将面临严重的税收行政处罚,另外相关责任人也可能面临刑事处罚。

本案中吉林某管道公司如依法按期纳税,负担的税收成本为94.42万元。仅一念之差,该公司需额外增加税收成本110.82万元,且给公司信誉带来了巨大的负面影响,还将因此被追究刑事责任。

这是一起典型的"贪小利,吃大亏"的例子,应引起纳税人的高度重视,莫抱侥幸心理,切忌以身试法。

5.6.3 案例三:接受虚开申报抵扣偷逃税款被判刑

5.6.3.1 判决处理

① 案件名称:湛江开发区某贸易有限公司涉税案。

② 违法性质:虚开增值税专用发票申报抵扣税款。

③ 判决处理:根据《中华人民共和国税收征收管理法》第六十三条的规定,该贸易公司从销货地以外的地区取得增值税专用发票,造成少缴增值税和企业所得税的行为已构成偷税。湛江市国家税务局稽查局依法追缴该公司少缴的增值税44.63万元和企业所得税55.72万元,并处罚款50.18万元。

该贸易公司偷税额达5万元以上且占应纳税额的10%以上,并且在收到税务处理文书后仍未在规定期限内缴清税款,因此该公司的行为已涉嫌犯罪,湛江市国家税务局稽查局依法将其移送公安机关追究其刑事责任。该案经湛江市中级人民法院终审判决,该贸易公司法定代表人卓某犯逃税罪,判处有期徒刑3年,缓刑3年,并处罚金5万元。

5.6.3.2 违法事实

该贸易公司成立于2005年7月,是从事销售钢材、矿产品和货物运输代理的有限责任公司,法定代表人卓某,2008年8月起被认定为增值税一般纳税人。经查,2009年2月该贸易公司向贵州某公司购进硅锰矿金矿产品262.56

万元,并以银行转账的方式支付全部货款。贵州某公司未直接开具发票给该贸易公司,而是将深圳市某公司开具的 27 份增值税专用发票交给该贸易公司。该贸易公司在明知取得的发票不符合法律规定的情况下,仍将 27 份增值税专用发票向湛江经济技术开发区国税局申报抵扣增值税进项税额 44.63 万元,并列支商品销售成本造成少缴企业所得税 55.72 万元。

5.6.3.3 案例分析

在本案中,湛江开发区某贸易有限公司因采用取得虚开增值税专用发票并进行虚假纳税申报的方式偷逃税,且情节严重构成逃税罪,经税务机关依法下达追缴通知后仍不补缴应纳税款、不缴纳滞纳金,因此,该公司法定代表人卓某被司法机关判处有期徒刑并处罚金。

根据《刑法》第二百零一条的规定,纳税人采取欺骗、隐瞒手段进行虚假纳税申报或者不申报,逃避缴纳税款数额较大并且占应纳税额百分之十以上的,构成逃税罪。该条同时还规定,纳税人构成逃税罪的,经税务机关依法下达追缴通知后补缴应纳税款,缴纳滞纳金,已受行政处罚的,不予追究刑事责任。同时根据司法机关关于逃税罪追诉标准的规定,逃避缴纳税款数额较大的标准是数额为五万元以上。而且,经税务机关依法下达追缴通知后不补缴应纳税款、不缴纳滞纳金或者不接受行政处罚的,应予立案追诉。

根据发票管理办法的相关规定,让他人为自己开具与实际经营业务情况不符的发票的行为属于虚开发票的行为。同时根据最高人民法院相关司法解释对虚开增值税专用发票的界定,进行了实际经营活动,但让他人为自己代开增值税专用发票的,也属于虚开增值税专用发票的行为。另外,根据我国增值税暂行条例以及企业所得税法的相关规定,纳税人取得不符合法律规定的凭证,不得作为增值税抵扣凭证和所得税税前扣除凭证。

根据上述相关法律规定,就本案而言,湛江开发区某贸易有限公司取得虚开的不合法的增值税专用发票,并在纳税申报时作为相关凭证进行虚假纳税申报,导致少缴税款达 5 万元以上且占应纳税额的 10% 以上,其行为构成逃税罪。而且,税务机关依法下达追缴通知后,该公司仍不补缴应纳税款、不缴纳滞纳金,其法定代表人理应受到刑事制裁。

5.6.3.4 本案启示

通过本案,纳税人应当吸取两个方面的教训。一是纳税人虽然进行了实际经营活动,但让第三方为自己代开增值税专用发票的,也属于虚开增值税专用发票的行为。而且在明知取得的发票不符合法律规定的情况下,仍然将之作为增值税抵扣凭证和所得税税前扣除凭证,造成税款少缴且情节严重,就构成逃税罪。二是纳税人构成逃税罪后,应当表现出较好的认罪态度,积极补缴税款,缴纳滞纳金,接受行政处罚,争取司法机关的宽大处理。

5.6.4 案例四:4.5亿元"骗税大案"——河北兴弘嘉公司特大骗税案[①]

5.6.4.1 判决处理

① 案件名称:河北兴弘嘉公司特大骗税案。
② 违法性质:虚开增值税发票,骗取国家出口退税。
③ 判决处理:河北省衡水市中级人民法院就河北兴弘嘉纺织服装有限公司、郭某非法吸收公众存款罪作出一审刑事判决书[(2019)冀11刑初14号],结果如下:a.被告单位河北兴弘嘉纺织服装有限公司犯非法吸收公众存款罪,判处罚金人民币五百万元(罚金在判决生效后一个月内缴纳)。b.被告人郭某犯非法吸收公众存款罪,判处有期徒刑七年,并处罚金人民币五十万元;与本院(2015)衡刑初字第52号刑事判决书所判刑罚并罚,决定执行无期徒刑,剥夺政治权利终身,并处没收个人全部财产。c.责令被告单位河北兴弘嘉纺织服装有限公司及被告人郭某退赔本案各集资参与人经济损失,并按照同等原则分别发还。

5.6.4.2 违法事实

2015年7月15日,公安部和税务总局明确"兴弘嘉案"为"7·15"专案。7月30日,抓捕行动同时在衡水、邯郸、济南等多地展开,郭某等7名主要犯罪嫌疑人悉数落网。行动查封冻结银行账户294个、账本90余箱,共抓捕犯罪嫌疑人90人,涉案企业300余家。

经调查,兴弘嘉公司及其关联企业虚开增值税专用发票3.4699万份,金额33.07亿元,抵扣进项税额5.6亿元。这样一场"骗税"大戏,兴弘嘉公司到底是如何操作的?

在已破获的出口骗税案中,报关单是核心线索,企业出口退税中必须有海

---

① 本案例来源于中华人民共和国中央人民政府网站,http://www.gov.cn/xinwen/2015-02/11/content_2818092.htm。

关报关单和增值税发票,因此犯罪分子主要围绕这"一单一票"展开行动。

首先,兴弘嘉公司要有能证明自己进行过实际生产的进项税发票。衡水市公安局经侦支队支队长梁军表示,兴弘嘉公司经常"制造"采购原材料假象:从22个省市、374户纺织企业,以票面6.5%至8%的金额购买其他企业和个人虚开的增值税发票。据犯罪嫌疑人苏志义供述,他曾开了60多张发票给兴弘嘉公司,涉及金额超过7 000万元,靠6.5%的返点获利超过450万元。

其次,在买单假报出口环节,兴弘嘉公司通过多个渠道前后获得总计2 992份报关单证,涉及金额达4.5亿美元,涉嫌骗取国家出口退税款4.5亿元人民币。"南方沿海地区有大量服装加工企业没有进出口资质,外贸公司能为其出口却不能退税。"梁军指出,兴弘嘉公司正是利用了这一点,将一些不需要退税的企业报关单,向非法中介购买索取得来。

此外,为骗取退税,兴弘嘉公司还多次进行买汇。从地下钱庄买汇后每10万美金的佣金要6 000元到1万元人民币,中间人捞取一半佣金,非法买汇灰色成本非常大。

这一案件具有专业化、集团化、网络化、产业化和家庭化运作,链环完整,货物、单证和资金充分匹配,真假业务混杂等特点,是一起有预谋、有组织、高度仿真、高度隐秘的犯罪案件,也给出口退税的监管环节敲响了警钟。

5.6.4.3 本案启示

为他人虚开,为自己虚开,让他人为自己虚开,介绍他人虚开增值税专用发票,用于偷税、漏税,或非法经营、贪污受贿、侵占等违法犯罪活动均触犯了《刑法》,相关责任人将受到法律的严厉制裁。因此,广大纳税人要增强守法意识,自觉维护国家利益,做到合法经营,依法纳税。同时公安机关和税务部门要加强协作配合,加大对虚开增值税专用发票犯罪的打击力度,为不断净化国家税收环境,切实维护税收管理秩序保驾护航。

5.6.5 案例五:虚开增值税专用发票的纠正

5.6.5.1 判决处理

(1) 一审判决

宿州市甬桥区人民法院(简称一审法院)对本案进行了审理,并于2002年6月23日作出一审判决:被告单位安徽省宿州市某电子有限公司(简称某电子公司)及其法定代表人崔某违反增值税专用发票管理规定,让他人为其虚开增值税专用发票用以申报抵扣税款,数额巨大;被告人崔某作为单位直接负责的主管人员,为单位利益以单位名义实施上述行为,已构成虚开增值税专用发票罪,判决崔某犯虚开增值税专用发票罪,判处有期徒刑 10 年。

(2) 二审判决

一审判决后,崔某不服判决提起上诉。宿州市中级人民法院(简称二审法院)于 2003 年 9 月审理此案。

二审法院经审理认为,崔某为达到平衡账目的目的,在与山西省临汾物资局某公司无生铁业务的情况下,让李某为其开具增值税专用发票的行为,应属于让他人为自己虚开增值税专用发票的行为。但是本罪的构成要件规定,其主观方面表现为直接故意,即行为人不但明知自己在虚开增值税专用发票,而且还明知这种虚开行为可能导致国家税款的减少、流失;行为人一般都具有获取非法经济利益、骗取抵扣税款的目的。但从本案看,崔某主观上不具有通过虚开增值税专用发票骗取国家税款的直接故意。从崔某的多次供述及其他证据来看,河南省某钢铁总厂(简称钢铁厂)等多家单位确实存在拖欠崔某所在的公司增值税专用发票的情况,而且这些单位所欠税额远远超过已开具并抵扣的税款。另外,从 1999 年 4 月至案发三年的时间内,崔某所在的公司没有让钢铁厂等单位为其再开具增值税专用发票。因此,崔某不具备骗取国家税款的故意,不构成虚开增值税专用发票罪。

二审法院最终认定一审法院认定崔某及其单位的行为构成虚开增值税专用发票罪的定性错误,依法予以纠正,判决撤销一审判决,崔某及其所在的公司无罪。

5.6.5.2 案件事实

1998 年,安徽省宿州市某电子有限公司从河南省某钢铁总厂采购了一批材料,但钢铁厂一直拖欠着该电子公司的增值税专用发票。1999 年,该电子公司总经理崔某为平衡公司账目于 1999 年初找到山西省孝义市某洗煤焦化厂厂长李某,让李某为其开具增值税专用发票。李某伙同季某以"山西省临汾物资局某公司"的名义与该电子公司签订了一份购 5 000 吨生铁的假工矿产品购销合同。1999 年 4 月,李某按照崔某的要求分两次将山西省增值税专用发票 10 张(每张均载明购生铁 500 吨,价税款 644 000 元,税款 93 572.65 元)交给崔某。崔某取得上述 10 张发票后向宿州市国税局申报抵扣。

2002年3月,崔某因涉嫌虚开增值税专用发票罪被刑事拘留,后本案由当地检察机关提起公诉。

5.6.5.3 案例分析

(1) 行为人以违法手段实现其增值税进项抵扣权,应承担税务行政违法责任

《中华人民共和国发票管理办法》(国务院令第587号)(以下简称《发票管理办法》)第一十二条规定:"开具发票应当按照规定的时限、顺序、栏目,全部联次一次性如实开具,并加盖发票专用章。任何单位和个人不得有下列虚开发票行为:(一)为他人、为自己开具与实际经营业务情况不符的发票;(二)让他人为自己开具与实际经营业务情况不符的发票;(三)介绍他人开具与实际经营业务情况不符的发票。"

上述条款规定了虚开发票行为的构成,即行为人在客观上实施了为他人、为自己、让他人为自己、介绍他人开具与实际经营业务情况不符的发票的行为,且其在主观上明知所开具的发票与实际经营业务情况不相符的,构成虚开发票罪,应承担没收违法所得、罚款等行政违法责任。在本案中,该电子公司与钢铁厂等多家单位存在购销交易,而多家销货方一直拖欠增值税专用发票没有开具给电子公司。因此,电子公司的法定代表人崔某找到李某,通过与山西省临汾物资局某公司签订虚假购销合同的方式让李某为电子公司开具增值税专用发票,其行为已经违反了《发票管理办法》的规定,属于《发票管理办法》规定的虚开发票违法行为,应根据《发票管理办法》第三十七条的规定承担没收违法所得、相应罚款的违法责任。

(2) 崔某不具备骗取国家税款的故意,不构成虚开增值税专用发票罪

毫无疑问,在本案中,崔某让他人为自己开具虚假的增值税专用发票的行为完全符合我国《刑法》中规定的关于虚开增值税专用发票罪的行为要件,也符合《最高人民法院关于适用〈全国人民代表大会常务委员会关于惩治虚开、伪造和非法出售增值税专用发票犯罪的决定〉的若干问题的解释》(法发〔1996〕30号)对虚开增值税专用发票行为的解释。一审法院和二审法院对此均没有异议。但是,二审法院认为,虚开增值税专用发票罪是直接故意犯罪,要求行为人具有明知与真实交易情况不符仍开具发票以及骗取国家税款的直接故意,行为人崔某不具备骗取国家税款的直接故意,因而不构成本罪。二审法院主要从以下三个方面来论证被告人不具备骗取国家税款的故意。

① 钢铁厂与电子公司之间确实存在真实的交易,且电子公司未取得增值税专用发票。

在本案中,电子公司作为购货方,其销货单位钢铁厂等企业一直拖欠增值税专用发票,导致电子公司实际上存在大量的增值税进项税额无法凭票抵扣。

② 电子公司违法取得的增值税专用发票金额远小于其应取得的增值税专用发票金额。

崔某让他人为电子公司虚开的增值税专用发票的税款金额为93万余元,远远小于电子公司应当从钢铁厂等多家单位取得的增值税专用发票上的税额。

③ 崔某没有重复开票的故意。

崔某取得山西临汾物资局某公司开具的增值税专用发票后,并没有继续要求钢铁厂等销货单位再行向电子公司重复开具增值税专用发票,表明崔某并无多抵扣增值税进项税额的故意。

从上述三个方面可知,崔某违规取得增值税专用发票仅出于抵扣其应当抵扣的增值税进项税额的目的。也就是说,崔某并未认识到其行为会造成骗取国家税款的结果,并且未积极追求这一结果的发生。因此,崔某不具备骗取国家税款的故意,不构成虚开增值税专用发票罪。

5.6.5.4 本案启示

从这一判例可以得出,虚开增值税专用发票罪要求行为人具有骗取国家税款的故意。一方面,实践中判断被告人主观心理状态的难度较大;另一方面,被苛以刑罚将对被告人及相关的企业、家属造成重大影响,法院在个案审理中更应当审慎定罪,确保刑法的谦抑性和谨慎性。

5.6.6 案例六:合同违约金涉税问题

在履行合同的过程中,企业经常会遇到违约的情况,因此在合同签订时,合同各方大都会约定违约责任以保护自身权益。但是,对于违约金的支付所产生的涉税问题给企业利润带来的影响却存在争议。

2013年11月5日,某燃料有限公司(买方)向某钢铁国际贸易有限公司(卖方)购买了总价为4 023万人民币的煤炭,双方签订了买卖合同,并在付款期限及方式中约定,买方须于2014年1月5日前结清合同总货款。同时合同约定,迟延付款或迟延交货均应承担违约责任,偿付5%的违约金。合同签订后,卖方交付了煤炭,买方违反了合同约定未如期支付全部货款。贸易公司诉至法院,最终法院作出燃料公司应向贸易公司支付尚欠的货款及逾期付款的违约金的判决。①

(1) 争议一:上述案例中卖方所收到的违约金是否属于应缴纳增值税的价外费用

《增值税暂行条例实施细则》第十二条规定,价外费用为向购买方收取的手续费、补贴、基金、集资费、返还利润、奖励费、违约金、滞纳金、延期付款利息、赔偿金、代收款项、代垫款项、包装费、包装物租金、储备费、优质费、运输装卸费以及其他各种性质的价外收费。另据《增值税暂行条例实施细则》第三条对销售货物的界定是有偿转让货物的所有权。可见,价外费用纳税的前提是"有交易""有价款"。

上述案例中,双方在购销活动中签订了买卖合同并约定了价款。贸易公司作为卖方,将货物交付,实现了交易,属于该货物流转过程中增值税的纳税义务人。

据此,卖方收到的违约金属于应缴纳增值税的价外费用,应当作为增值税应纳税额的计税依据。同时,根据《增值税暂行条例》和《发票管理办法》的规定,卖方应开具增值税发票,支付违约金的买方可以凭票作为增值税进项税额或增值税应纳税额的抵扣凭证。

如果将上述案例的违约方调换,买方履行了付款义务,卖方未如约交付货物,承担违约责任支付违约金,此时的税务处理则不同。此类情况下产生的违约金不属于该合同所涉及交易的增值税的应税收入。因此,买方收到的违约金不作为该项经济活动的流转增值,该笔违约金不属于应缴纳增值税的价外费用。

(2) 争议二:上述案例中买方支付该笔违约金取得的凭证是否可以作为企业所得税应纳所得额计算时的扣税依据

根据《企业所得税法》第八条的规定,企业实际发生的与取得收入有关的、合理的支出,准予在计算应纳税所得额时扣除。《企业所得税税前扣除凭证管理办法》规定,企业发生支出,应取得税前扣除凭证,作为计算企业所得税应纳税所得额时扣除相关支出的依据。

可见,与增值税不同的是,本案例中无论违约方是买方还是卖方,均可以就支付的违约金在计算企业所得税应纳所得额时扣除,即用纳税年度的收入总额减去不征税收入、免税收入、各项扣除以及允许弥补的亏损后的余额乘以税率计

---

① (2016)桂民初字第18号。

算。因此,本案例中支付违约金的一方可以将支付凭证或裁判文书作为企业所得税的扣税凭证,在业务发生的当期按照准予扣除的"其他项目"计算扣除。

5.6.7 案例七:农民工工资支付问题

5.6.7.1 案例介绍

某公司系某小学食堂改造工程的施工总承包单位,鲁某为该工程的实际施工人。2019年10月12日,鲁某与黎某签订"钢筋工承包合同",将前述工地上的钢筋制作、绑扎劳务作业分包给了黎某。黎某承包前述钢筋劳务作业后,雇请南某等多名民工在前述工地上施工,工资按天计算。其后黎某拖欠了众多民工工资,确认某公司需支付黎某的工程款数额为60 000元,其中拖欠南某工资7 000元,南某与众多民工多次追问未果后诉至法院。

5.6.7.2 法律判决

关于建设领域中建设施工企业如何规范发放农民工劳动报酬的问题,可根据《建设领域农民工工资支付管理暂行办法》第七条规定:"企业应将工资直接发放给农民工本人,严禁发放给'包工头'或其他不具备用工主体资格的组织和个人。企业可委托银行发放农民工工资。"这样既可以避免"包工头"携农民工工资款逃跑等类似事件的发生,又可以保障农民工按时领取劳动报酬。

债务应当清偿。黎某雇请南某在工地上弯钢筋却拖欠南某7 000元劳务工资未付,黎某应当承担支付南某7 000元劳务工资的责任。某公司作为某小学食堂改造工程的总承包单位,将钢筋工劳务作业分包给没有建筑资质的个人,即黎某,根据《保障农民工工资支付条例》第三十六条第一款"建设单位或者施工总承包单位将建设工程发包或者分包给个人或者不具备合法经营资格的单位,导致拖欠农民工工资的,由建设单位或者施工总承包单位清偿"的规定,某公司应承担本案诉争劳务工资的连带清偿责任,鲁某作为涉案工程的实际施工人,也应与该公司承担连带清偿责任。某公司、鲁某承担连带清偿责任后,如某公司、鲁某认为其承担的民工工资的总清偿责任超过应支付给黎某的工程款,可另行向黎某追偿。

5.6.7.3 本案启示

关于农民工工资报酬权益受到侵害的,《保障农民工工资支付条例》第十条规定:被拖欠工资的农民工有权依法投诉,或者申请劳动争议调解仲裁和提起诉讼。任何单位和个人对拖欠农民工工资的行为,有权向人力资源社会保障行政部门或者其他有关部门举报。如果是因建设单位未按照合同约定及时拨付工程款导致农民工工资拖欠的,可根据《保障农民工工资支付条例》第二十九条第二款"建设单位应当以未结清的工程款为限先行垫付被拖欠的农民工工资"的规定处理。

同时,工程承包企业在分包转包时应注意对方的相关资质,要符合《建设领域农民工工资支付管理暂行办法》第十二条的规定:"工程总承包企业不得将工程违反规定发包、分包给不具备用工主体资格的组织或个人,否则应承担清偿拖欠工资连带责任。"

5.6.8 案例八:开发项目的税负平衡计算实例

5.6.8.1 案例概况

南京某大型综合体项目(以下简称本项目)占地面积 14 255.3 m²。项目定位为商业、办公楼、酒店式公寓。规划设计总建筑面积为 130 617 m²,其中±0.0以上建筑面积为 82 680 m²;地下四层,建筑面积为 47 937 m²。总投资约 18 亿元。本项目已经完成立项审批、初步设计等相关准备工作。

5.6.8.2 增值税税负平衡的概念

前已述及,增值税税负平衡是指针对某个一般纳税人企业而言,当期发生累计销项税额等于进项税额时,企业实际无需缴纳增值税时的临界点。为了大家更好地理解增值税税负平衡的概念,下面我们通过图 5-3 来说明。

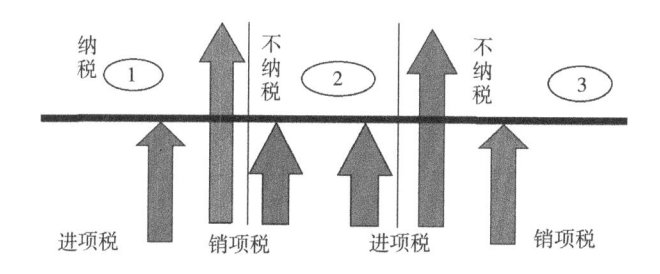

图 5-3 进项税与销项税比较图

从图 5-3 可知,在①区域情况下,当期销项税大于进项税时,需要缴纳销项税与进项税差额的增值税;在②区域情况下,当期销项税等于进项税时,不需要缴纳增值税;在③区域情况下,当期销项税小于进项税时,不需要缴纳增值税,而且根据我国税法规定,销项税与进项税之间的差额可以转入下一期作为进项税额,继续抵扣。我们研究的增值税税负平衡指达到进项税额大于或等于销项税额的理想情况,即图中②、③区域。

5.6.8.3 税负平衡分析

(1) 销售收入及销售税额估算

由于本项目属于大型综合体,业主初步规划,商业和地下室准备长期持有,办公和酒店式公寓拟采取对外销售的模式。因此,根据规划和设计方案,拟销售的办公和酒店式公寓销售收入估算如表 5-3 所示。

表 5-3　拟销售的办公和酒店式公寓销售收入估算表

序号	项目名称	面积(m^2)	销售单价(万元/m^2)	金额(万元,含税)
1	精装酒店式公寓	16 997.00	3.8	64 588.60
2	毛坯酒店式公寓	20 000.00	2.8	56 000.00
3	精装甲级办公用房	15 719.00	3.0	47 157.00
4	合计	52 716.00		167 745.60

从表 5-3 可知,根据销售方案,本项目拟取得的销售收入为 167 745.6 万元(含税)。

根据《关于深化增值税改革有关政策的公告》(财政部税务总局海关总署公告 2019 年第 39 号),房地产销售应纳销项税税率调整为 9%,因此,本项目应纳销项税额为 167 745.6/(1+9%)×9%≈13 850.55 万元。

(2) 土地出让金允许扣除金额

《关于发布〈房地产开发企业销售自行开发的房地产项目增值税征收管理暂行办法〉的公告》(国家税务总局公告 2016 年 18 号)第五条规定,当期允许扣除的土地价款=(当期销售房地产项目建筑面积/房地产项目可供销售建筑面积)×支付的土地价款。

本项目土地款允许扣除金额(按计划销售面积与地上占容积率总面积比例计算):125 000(土地出让金)×(52 716/82 680)≈79 699 万元。

土地款允许抵扣的增值税金额:79 699/(1+9%)×9%≈6 580.65 万元。

(3) 工程成本(无甲供材)及增值税估算

根据《关于全面推开营业税改征增值税试点的通知》(财税〔2016〕36号)、《关于深化增值税改革有关政策的公告》(财政部税务总局海关总署公告2019年第39号)文件及现行的相关税法政策规定,工程成本的各项目进项税额计算说明如下。

① 建安工程进项税额:建安工程造价/(1+9%)×9%。

② 电梯及机械停车设备安装工程销项税额。《关于明确中外合作办学等若干增值税征管问题的公告》(国家税务总局公告2018年第42号)第六条规定:"一般纳税人销售自产机器设备的同时提供安装服务,应分别核算机器设备和安装服务的销售额,安装服务可以按照甲供工程选择适用简易计税方法计税。一般纳税人销售外购机器设备的同时提供安装服务,如果已经按照兼营的有关规定,分别核算机器设备和安装服务的销售额,安装服务可以按照甲供工程选择适用简易计税方法计税。纳税人对安装运行后的机器设备提供的维护保养服务,按照'其他现代服务'缴纳增值税。"因此,电梯、立体停车等设备按照"两张票"进项测算,即按照设备采购和设备安装两个税率计算:

电梯、立体停车等设备采购费(按设备估算造价的90%计算设备购置费用)/(1+13%)×13%。

电梯、立体停车等设备安装工程费(按设备估算造价的10%计算设备安装工程费用)/(1+3%)×3%。

③ 咨询服务销项税额:咨询服务类(勘察、设计、造价咨询、监理等)费用/(1+6%)×6%。

根据上述各类型工作内容的销售税额计算公式,结合本项目的初步设计及现场实际情况,参照当地建筑安装成本,对本项目各项工程建安成本(无甲供材)及其进项税额做出估算,具体如表5-4所示。

表5-4 工程成本(无甲供材)及进项税额估算表

序号	项目名称	建筑面积(m^3)	单方造价(元/m^3)	金额(万元,含税)	进项税(万元,无甲供材)
1	桩基、基坑围护及土方工程	130 617	1 330	17 372	1 434.39
2	建筑安装工程	130 617	4 319	56 413	4 658.37
3	电梯及机械停车			2 553	271.77

续表

序号	项目名称	建筑面积（m³）	单方造价（元/m³）	金额(万元，含税)	进项税（万元，无甲供材)
4	泛光照明	130 617	20	261	21.55
5	室外排水工程及景观绿化	130 617	79	1 032	85.21
6	配电系统	130 617	88	1 149	94.87
7	供水	130 617	30	392	32.37
8	有线电视网络配套	130 617	8	104	8.59
9	燃气费	130 617	8	104	8.59
10	人防费	42 129	100	421	
11	勘察及设计费	130 617	170	2 220	125.66
12	监理费	130 617	30	392	22.19
13	造价咨询费	130 617	30	392	22.19
14	合计			82 805	6 785.75

注："金额"列单位为万元，取整数。

根据上述分析和计算，当无甲供材情形时，应纳增值税额＝销项税额－土地款允许抵扣的增值税金额－进项税额＝13 850.55－6 580.65－6 785.75＝484.15万元。

(4) 钢材采取甲供模式时进项税额计算

如果本项目的地基与基础、主体结构工程的钢材采用甲供模式，那么，钢材用量估算、单价、采购成本及钢材进项税额（钢材采购按13%计算进项税，采购和运输按"一张票"考虑）等相关数据如表5-5所示。

表5-5 钢材用量及钢材进项税额一览表

序号	项目名称	建筑面积（m³）	单方含量（kg/m³）	合计用量(t)	钢材单价（元/t）	钢材采购成本(万元)	进项税额（万元)
1	桩基和基坑围护工程	47 937	170	8 149.29	4 500	3 667	421.87
2	地下室工程	47 937	180	8 628.66	4 501	3 884	446.83
3	地上工程	82 680	70	5 787.60	4 502	2 606	299.81
4	合计	130 617		22 565.55		10 157	1 168.51

注："钢材采购成本"列单位为万元，取整数。

"财税〔2017〕58号"文件第一条规定："建筑工程总承包单位为房屋建筑的

地基与基础、主体结构提供工程服务,建设单位自行采购全部或部分钢材、混凝土、砌体材料、预制构件的,适用简易计税方法计税。"

根据上述规定,如果采取钢材甲供模式,应按简易计税方法计税,即建设单位只能取得3%的增值税专用发票。当地基与基础、主体结构的钢材采取甲供模式时,本项目的增值税进项税额估算如表5-6所示。

表5-6 工程成本(钢材甲供)及进项税额估算表

序号	项目名称	建筑面积(m^3)	单方造价(元/m^3)	金额(万元,含税)	进项税(万元,钢材甲供)
1	桩基、基坑围护及土方工程	130 617	1 330	13 705	399.17
2	建筑安装工程	130 617	4 319	49 929	1 454.24
3	电梯及机械停车			2 553	271.77
4	泛光照明	130 617	20	261	21.55
5	室外排水工程及景观绿化	130 617	79	1 032	85.21
6	配电系统	130 617	88	1 149	94.87
7	供水	130 617	30	392	32.37
8	有线电视网络配套	130 617	8	104	8.59
9	燃气费	130 617	8	104	8.59
10	人防费	42 129	100	421	
11	勘察及设计费	130 617	170	2 220	125.66
12	监理费	130 617	30	392	22.19
13	造价咨询费	130 617	30	392	22.19
14	合计			72 654	2 546.40

注:表内"桩基、基坑围护及土方工程""建筑安装工程"金额是扣除钢材材料价款后的金额,其进项税额按简易计税3%的税率计算。其他项目进项税额计算同表5-4。

根据上述分析和计算,当地基与基础、主体结构的钢材采取甲供模式时,应纳增值税额=销项税额-土地款允许抵扣的增值税金额-进项税额=13 850.55-6 580.65-2 546.40=4 723.50万元。

(5)其他主材甲供(钢材、混凝土除外)的数学模型

当钢材、混凝土(因混凝土甲供材料只能取得3%进项税发票,且整个工程也须采用简易计税,取得3%进项税发票,因此,混凝土甲供情况必须排除)两个主要材料不采用甲供材模式,而其他部分主要材料或设备采用甲供材模式时,如果招标时约定投标人应采用一般计税方法并开具9%的增值税专用发票,要想使进项税等于销项税,则可以建立如下数学模型(假设其他材料或

设备甲供费用为 X,根据表 5-4 计算,除主体工程外其他项目的进项税额为 2 127.38 万元)。

$(56\ 418-X)/(1+9\%)\times 9\%+X/(1+13\%)\times 13\%+2\ 127.38=13\ 850.55-6\ 580.65$

通过计算,得 $X\approx 14\ 908.28$ 万元。

(6) 税负平衡解析

通过上述分析和计算可知,当不采用甲供材模式时,需要缴纳增值税 484.16 万元。当地基与基础、主体结构的钢材采取甲供模式时,需要缴纳增值税 4 723.50 万元,但考虑到钢材甲方采购价格比信息价正常低 5%~10%(测算取 7%)的实际情况,相当于节约成本 10 157×7%≈711 万元,可理解为税收真实成本为 4 012.50(4 723.50-711)万元。由此可见,本项目并不适合钢材采取甲供模式。

对本项目来说,要想少缴纳增值税,只有采取其他主要材料、设备甲供模式,且在项目招标时明确采取一般计税方法(9%税率)。根据上述数学模型分析,当其他主要材料、设备的甲供费用达到 14 908.28 万元这个平衡点时,恰好能达到"销项税额等于进项税额"的理想状态。同时,在项目实施过程中,应综合考虑甲供材或非甲供材情况下投标报价的采购税务性价比,对含税造价、不含税造价、甲供材费用及其税金等各项情况进行综合评估。

5.6.8.4 案例启示

综上所述,第一,可以排除地基与基础、主体结构的钢材采取甲供模式。第二,在招标过程中尽可能争取将其他主材、设备甲供价格接近 14 908.28 万元,且招标时明确采用一般计税方法(9%税率)。第三,建议在招标时可以采取"甲供材+一般计税(9%)"模式和"甲供材+简易计税(3%)"模式,分别报价,并对除税造价和进项税额分别进行分析评价。工程计价是一项复杂的工作,如果大量采取甲供材模式,还需要考虑材料价款的资金时间价值、上下力费、采保费以及投标人的报价策略等因素。

5.6.9 案例九:竣工结算中有关增值税问题争议研究实例

5.6.9.1 案例概况

某建筑工程通过公开招标方式选择承包人,该工程按照法定程序于 2016

年 4 月 22 日开标评标确定中标人并进行了中标公示,4 月 27 日公示结束。2016 年 5 月 1 日起国家将包括建筑业在内的多个行业纳入"营改增"试点范围。发包人与承包人于 2016 年 5 月 10 日签订《建设工程施工合同》(采用 GF—2013—0201 示范文本)。工程于 2016 年 5 月 18 日开工,2017 年 3 月 14 日竣工,工期 300 天。合同价款为 1 239.13 万元。其中,施工合同主要条款约定如下。① 合同价款采用固定单价,其中综合单价包含的风险范围为:施工期间承包人提供的材料(合同另有约定的除外)、机械、设备、人工、管理费、利润、规费等全部市场风险及其他各种风险。② 暂估价结算方式约定如下:a. 对于由发包人另行招标(或核价)的暂估价材料(承包人负责采购),根据中标(或核价)单价加 2%的费用作为调整暂估材料的基数(设定为 A),此价格已包含材料采购、保管、上下力、现场运输、损耗、设备安装、材料检测、设备调试等所有费用。暂估价材料结算程序如下:综合单价=(A-招标暂估材料单价)×工程量(不含损耗),并计入分部分项工程量清单,参与计取税金,承包人已经在投标报价时考虑了相应材料损耗。b. 对于由发包人另行招标的专业工程暂估价项目(含施工、管理、利润等费用),结算时需进入承包人合同中(由承包人支付相应的工程价款),根据中标价(扣除预留金、设备费用)加 3%的费用,在竣工结算时作为"其他项目清单费"计入结算价款,此费用包含除税金外的总包管理费、配合费、管理费、利润、规费、公司管理费等所有费用,税金按投标费率计取。③ 材料差价调整约定如下:施工期间材料价格加权平均值与投标基期相比较,其中钢材材料价格浮动超过±5%及水泥、商品砼材料价格浮动超过±10%时,予以调整;其他材料均不予调整。发生浮动在幅度以内的部分由承包人承担或受益,浮动在幅度以外的部分由发包人承担或受益。④ 关于税金约定如下:发包人应根据"营改增"相关规定给予承包人税收的费用调整。

5.6.9.2 争议问题

承包人按合同约定完成了该工程承包范围内的工程施工,并通过了发包人组织的竣工验收。承包人依据施工合同约定编制了相应的竣工结算书并提交给发包人审核。发包人委托的工程造价咨询单位在对承包人的竣工结算书进行审核的过程中,发现如下问题。

① 投标时虽然接近"营改增"开始执行时间的临近点,但投标时仍然按营业税模式报价,结算时承包人按一般计税方法计价,直接将投标时营业税税率 3.475%调整为增值税税率 11%,而综合单价等均未按当地造价管理部门"关

于调整营业税改增值税调整现行计价依据的实施意见"的规定作相应调整。

② 由于钢材涨价,承包人直接按施工期间当地钢材含税信息价的平均值调整在综合单价内。

③ 对于合同约定的暂估价项目,承包人要求全部按照11%计取税金。

④ "营改增"后,国家又进行了两次增值税税率调整,对于后期两次调整税率的规定,承包人坚持要求承包范围内的全部结算工程价款均按11%的税率计税。

5.6.9.3 争议问题分析与解决

在竣工结算审核过程中,各方对工程造价存在各种争议是在所难免的。无论发包人、承包人,还是造价咨询单位,都应当以法律法规为基本准则,以双方签订的合同为根本,以合理、合规、合法、合情为基本原则,倾听各方的合理诉求,通过谈判方式解决竣工结算过程中存在的争议问题。针对该工程审核过程中存在的以上争议问题,笔者依据国家相关法规并结合自身工作实际经验,逐项进行分析并提出相关解决方案。

第一,针对"营改增"前后招标并签订的建设工程施工合同,可参考《营业税改征增值税试点实施办法》中的规定:一般纳税人为建筑工程老项目提供的建筑服务,可以选择适用简易计税方法计税。建筑工程老项目,是指:①《建筑工程施工许可证》注明的合同开工日期在2016年4月30日前的建筑工程项目;② 未取得《建筑工程施工许可证》的,建筑工程承包合同注明的开工日期在2016年4月30日前的建筑工程项目。该工程虽然在2016年4月30日之前已经完成了招投标工作,但合同约定开工日期为2016年5月15日,因此依据相关规定应当认定为新项目。另外,该工程合同约定也不存在"清包工方式或甲供工程"等提供建筑服务可以适用于增值税简易计税的情形。同时合同约定:发包人应根据"营改增"相关规定给予承包人税收的费用调整。综上所述,该工程的承包人采用一般计税方法计价(11%税率)是完全合法、合规的做法。根据当地建设行政主管部门发布的关于"营改增"工程造价计价调整文件的规定,该工程采用一般计税方法调整时,综合单价内材料和机械费应当按不含税单价进行调整;不含税单价的具体金额,工程造价审核人员必须根据项目所在地发布的文件精神,测算不含税单价计算规则,对投标报价内材料和机械费单价进行逐项测算"除税"后才能计入相应的综合单价内,而绝对不能简单地套用当地建设主管部门发布的不含税信息指导价。同时,由于"营改增"

后,管理费费率和利润率与"营改增"前相比也有相应调整,该工程在调整这方面费率时,应测算"营改增"前后的管理费和利润的费率变化比例,对投标报价内相应管理费和利润的费率进行同比例调整。另外,对于相关文明工地施工费、各类规费等应统一按照"营改增"后一般计税方法的相应费率进行调整。

第二,针对施工期间钢材涨价问题,根据该工程施工合同的约定,承包人"直接按施工期间当地钢材含税信息价的平均值调整在综合单价内"的做法是不合理的。根据"营改增"相关文件的规定,结合该工程施工合同约定的关于材料价格的调整方式,就钢材材料调价问题提出如下解决方案:首先,对于投标报价综合单价内的钢材价格,以投标报价的钢材单价为基础,按照不含税价格换算方式进行计算调整去税。其次,将施工期间每月钢材用量与当月信息价中相应的不含税钢材单价进行加权平均,求出施工期间钢材的不含税加权平均单价;查看投标月份(即 2016 年 4 月)相应钢材单价是否与投标单价一致,如果两者价格一致,则直接将调整综合单价时计算的不含税钢材单价作为调价基数,如果两者价格不一致,则应将当地信息指导价中相关的钢材单价,根据当地"营改增"文件规定的材料不含税单价换算方法计算出钢材调价基数。根据上述计算,以计算的投标月份信息价不含税相应钢材单价为基期单价,与施工期间相应钢材的不含税加权平均单价进行逐项比较,当涨价幅度超过5%时,超过5%以上的部分作相应的调整,5%以内的部分作为承包人的风险自行承担。钢材涨价调增的合计,作为税前"独立费"仅再计取税金。同理,出现材料价格下跌的情形时,参照上述材料调价原则作相应的材料费调减。当然,上述材料费调价原则是基于实际工期与计划工期基本一致的情况,如果出现因承包人或发包人原因造成工期延误的情形,是否调整材料价格还必须依据合同约定另行确定。

第三,对于暂估价项目,不论合同约定的哪种情况,均应当按照不含税价格乘以合同约定的总包管理费费率(2%或 3%)及计价程序进行计算,并同时计取 11%的增值税。另外需要特别注意,对于发包人通过招标或核价方式确定暂估价项目价格的,当所确定的价格是含税价格时,则应当追溯相应的价格组成方式,如果是材料项目,应根据"营改增"文件规定的不含税换算方式调整为不含税价格;如果是施工项目且投标报价是 11%税率时,可以将相应的暂估价项目乘以合同约定的总包管理费率后直接作为税后"独立费"计入结算总价内。这时尤其需要注意的重要原则是不能重复计税。

第四,针对在"营改增"后,国家又进行了两次税率调整的问题,可以在整个工程竣工结算审核时,暂时统一按 11% 的税率计税。税率调整文件分别是《关于调整增值税税率的通知》(财税〔2018〕32 号,2018 年 5 月 1 日实施)和《关于深化增值税改革有关政策的公告》(财政部税务总局海关总署公告 2019 年第 39 号,2019 年 4 月 1 日实施)。针对上述两个文件实施日期后的增值税调整问题,应核对发包人每次支付给承包人工程款的准确日期和金额,比照文件具体实施日期,在相关税率调整日期之后支付的工程款,按照新文件规定的税率进行相应的税差调整。两次税差调整后总费用在该工程结算汇总内单独列项计入总结算价款内。此外,对于"营改增"后实施的工期跨度较长的工程建设项目,如果合同约定承包人的风险范围不含政策性调整或约定税金可以根据政策调整的条款,在竣工结算时,审核人员务必分析工程项目的施工各个时间段,对于国家两次调整税率后完成的工程量,必须依据施工进度情况区分开来,并依据本书提出的材料和机械费换算办法,分时间段对其间完成的实体工程量进行计算并单独列项,对其中涉及的材料和机械费进行逐项换算;然后再根据税率调整文件规定的税率调整相关施工区间的工程造价税率。由于本案例项目中承包人实际完成承包范围内工作内容的时间在 2018 年 5 月 1 日之前,因此,并不牵涉到此问题。

5.6.9.4 结论

通过具体案例,对建设工程"营改增"前后招投标工程在结算中遇到的具体争议问题进行了分析,并提出了相应的解决处理办法。这些争议问题可能会单独出现在某些工程项目内,如"新、老"工程的认定问题、材料调差问题以及暂估价计价计税等问题,尤其是"营改增"实施后,两次增值税税率调整的税差问题更为常见。大家可以根据具体情况具体分析,总体把握好一般计税、简易计税、含税价格和不含税价格等几个关键问题的统一性,以便处理好"营改增"后有关增值税的各类工程造价争议问题。

参考文献

［1］中华人民共和国民法典［Z］.2020.

［2］中华人民共和国刑法［Z］.1997.

［3］中华人民共和国增值税暂行条例［Z］.2009.

［4］保障农民工工资支付条例［Z］.2019.

［5］工程建设领域农民工工资保证金规定［Z］.2021.

［6］建筑工人实名制管理办法（试行）［Z］.2019.

［7］马志恒,张冠洲.建设工程行业"营改增"理论与实务［M］.南京:河海大学出版社,2016.

［8］翟继光.营业税改增值税政策解析、操作实务与案例分析及纳税筹划［M］.上海:立信会计出版社,2017.

［9］企业所得税纳税申报表丛书编写组.企业所得税汇算清缴疑难问题解析（2018年版）［M］.上海:立信会计出版社,2018.

［10］肖太寿.建筑和房地产企业税务管控［M］.北京:经济管理出版社,2019.

［11］郭梅.营改增政策解读与企业实操手册［M］.北京:人民邮电出版社,2016.

［12］肖太寿,王鼎.企业财税管控四大法宝:合同、发票、财务和制度［M］.北京:中国长安出版社,2014.

［13］翟继光.新税法下企业纳税筹划（第5版）［M］.北京:电子工业出版社,2018.

［14］刘刚.营改增对勘察设计企业税负的影响分析［J］.财经界（学术版）,2015(15):337.

［15］孙永吉.招标投标税务问题处理要略［J］.招标采购管理,2016(2):49-51.

［16］蔡传南.探析"营改增"对事业单位的影响［J］.财经界（学术版）,2015(4):256.

［17］文锦欢.全面营改增后事业单位的税务筹划思考［J］.财会学习,2020(5):211+213.

［18］李惠文."营改增"背景下地勘单位纳税筹划［J］.区域治理,2019(35):201-203.

［19］张洪.纳税平衡法在企业纳税筹划中的应用分析［J］.商情,2014(47):49-50.

[20] 周立冬.营改增后如何选择纳税人身份进行纳税筹划[J].中国建材,2017(1):98-99.

[21] 王立军.营改增对咨询服务类企业的影响及对应税务筹划——以工程造价咨询公司为例[J].现代经济信息,2020(9):106-107.

[22] 胡向真.企业增值税的纳税筹划[J].山西高等学校社会科学学报,2005(11):57-59.

[23] 王玉娟.基于纳税平衡点的增值税税收筹划方法[J].商业会计,2019(1):92-94.

[24] 李雷.聚焦《民法典》合同条款 管控企业涉税风险点[J].商业会计,2021(8):4-8.

[25] 李元东.营改增对建筑企业的影响及对策研究[D].重庆:重庆理工大学,2015.

[26] 何孝云.建筑企业税务风险管理研究——以Y公司为例[D].北京:北京交通大学,2019.

[27] 李伟华.建筑企业税务筹划研究——以A公司为例[D].石家庄:河北师范大学,2020.

[28] 王欢.SJ建筑公司增值税纳税筹划研究[D].西安:西安石油学院,2020.

[29] 田原.建筑企业税务风险管理研究[D].昆明:云南财经大学,2019.

[30] 鲁国升.全面"营改增"背景下建筑企业增值税税务筹划研究——以A建筑企业为例[D].昆明:云南财经大学,2019.

[31] 王雪."营改增"对建筑施工企业的影响及应对研究[D].兰州:兰州财经大学,2015.

[32] 建筑、房地产企业最新营改增涉税政策剖析及应对策略[EB/OL]. https://wenku.baidu.com/view/a3262f430408763231126edb6f1aff00bfd5704f.html.

[33] 建筑业财务应对"营改增"案例分析[EB/OL]. https://www.shui5.cn/article/44/73478.html.

[34] 上市梦碎:4.5亿元"骗税大案"背后的故事——河北兴弘嘉公司特大骗税案剖析[EB/OL]. http://www.gov.cn/xinwen/2015-02/11/content_2818092.htm.

[35] 建筑业营改增涉税难题处理及对策[EB/OL]. https://jz.docin.com/p-1730806520.html.

[36] 怎样进行企业税务管控规避财务和税务风险[EB/OL]. https://wenku.baidu.com/view/abadebba0166f5335a8102d276a20029bc64635b.html.

[37] 建筑业"营改增"后人工费纳税处理及核算案例[EB/OL]. https://wenku.baidu.com/view/376c939fba68a98271fe910ef12d2af90342a877.html.

[38] 营改增后建筑企业涉税风险技巧[EB/OL]. https://wenku.baidu.com/view/9a5400dbfc4ffe473268ab01.html.

[39] 接受虚开申报抵扣 偷逃税款判刑三年[EB/OL]. https://news.sina.com.cn/c/2015-08-27/doc-ifxhkaeq8709745.shtml.

[40] 营改增对建筑行业和企业影响几何[EB/OL]. https://wenku.baidu.com/view/2a2cbbe5336c1eb91b375d03.html.

[41] 农民工工资专用账户管理的法务、财务和税务处理[EB/OL]. https://wenku.baidu.com/view/b8bab15fb72acfc789eb172ded630b1c59ee9b8d.html.

[42] 新政策下,规避财税风险的三种农民工工资支付管理方法[EB/OL]. https://www.sohu.com/a/304528602_347815?qq-pf-to=pcqq.group.

[43] 用税收视角看民法典——民法典与税收十大关联问题分析[EB/OL]. https://www.sohu.com/a/452422448_120942243.